눈으로 듣는 남편
귀로 보는 아내

가정상담소장의 현장토크

눈으로 듣는 남편
귀로 보는 아내

유정순 지음

청파랑

| 차례 |

Ⅱ 자녀는 부모 뒷모습을 따른다

Ⅲ 세계화의 꽃, 다문화가정

Ⅳ 가족은 나를 비추는 거울

Ⅴ 사랑은 접촉이다

Ⅵ 내 안의 거인 깨우기

Ⅶ 부록

추천사 1

성현의 말씀인 '가정이 화목해야 모든 일이 잘 이루어진다(家和萬事成)'는 동서고금의 변함없는 진리였습니다. 가정은 하늘의 천륜이 맞닿아서 모여 있는 곳이기 때문에 늘 서로 사랑하라는 당부입니다. 또 '덕을 쌓은 집안에는 반드시 경사가 따른다(積德之家必有餘慶)'고 하여, 가정의 울타리를 넘어서는 이웃의 사랑도 중요하다고 가르치셨습니다.

요즘 전통적인 대가족시대가 저물고 핵가족화되면서 급기야 가정해체와 같은 현상이 빈발하고 있습니다. 또 급격한 시대변화 양상을 따라서 세상의 가치관도 출렁거리며 이런 현상을 더욱 부채질하고 있습니다. 기존 역할의 변화에 따른 가정 내 부부간의 불화, 벌어지는 세대간극에 따른 부모와 자녀 간의 갈등 등 가정의 위기가 더욱 커지고 있습니다.

이에 지난 수십 년간 가정문제 상담과 각종 관련 세미나와 강연 활동을 활발히 해오신 다사랑가정상담소 유정순 소장의 역할은 매우 소중하고 값진 것이었습니다. 누구나 인생의 위기에 봉착했을 때, 자신의 마음을 터놓고 이야기할 대상이 있는 것만으로도 큰 위로가 됩니다. 상대가 조용히 들어주는 것만으로도 마음에 치유가 되기도 하지요. 아울러, 미처 깨닫지 못하는 부분을 제시해주며 용기와 희망을 주는 상담의

메시지는 한 사람, 한 가정의 운명을 결정적으로 좌우하기도 합니다.

사람이 모여 가정이 되고, 각 가정이 모여 전체 인류를 이룹니다. 그런 점에서 위기에 처한 가정문제 전문상담사는 이 시대에 꼭 필요한 멘토의 역할, 그 이상일 것입니다. 가정을 치유하는 일은, 곧 사회와 국가를 치유하는 일이고, 그 가정들이 모여서 나아가 세계 인류 평화와도 연결되기 때문입니다. 이는 자본과 인력만으로 되는 일도 아니고, 교육과 제도만으로도 되는 일이 아닙니다. 현장에서 오랜 경험을 통해 축적된 실무적 감각과 실생활에서 최선의 방책을 사안별로 적용해내는 고도의 전문성도 요구된다고 하겠습니다.

특히, 글로벌 이주시대를 맞이하여 한국 사회가 다인종 다문화 사회로 변화하고 있습니다. 국제결혼으로 인한 다문화가정이 늘어나면서 언어·문화적 차이 등으로 인해 이들 가정 내에서의 부부간, 가족간 갈등 또한 증가하고 있습니다. 또한 이들 다문화가정 자녀들이 태어나면서 이주여성들은 자녀교육에 대한 갈등과 딜레마에도 빠져있습니다. 이러한 갈등과 문제들은 이주여성이 우리 사회에 정착하는데 큰 어려움이 되고 있습니다. 유정순 소장은 활발한 다문화가정 상담을 통해 이주여성의 어려움을 해소하고 우리 사회에 안정적으로 정착하는데 큰 노력을 해왔습니다.

우리 사회의 다문화가정의 말못할 여러 어려운 상황을 해결하기 위한 상담소의 다양한 활동은 특별합니다. 다문화가정 문제에 전문적으로 직접 참여 상담하며 슬기롭게 해결케 하고, 그 위기를 예방하는 교육프로그램을 앞장서 진행해 오신 역할은 더할 나위 없이 귀한 일입니다. 우리 사회에서 누군가는 꼭 해야 할 필요한 일이자 소중한 사명입니다. 그리고 날이 갈수록 그 중요성은 더욱더 부각될 것으로 여겨집니다.

이러한 때에 유정순 소장님의 세미나강연 내용을 기반으로 엮은 첫 저서가 출간되었습니다. 흔들리는 우리 사회 가정문제에 대한 여성 특유의 섬세한 진단이 돋보이고, 또한 현실적이고 구체적인 해결방향도 제시하고 있습니다. 학술적인 논문이나 전문적인 이론서가 아니라, 수십 년간의 상담사례를 통해서 응집되고 추출된 가정문제의 핵심을 아주 쉽지만, 효과적으로 알려줍니다. 흔히 일어나는 가정사였지만, 미처 서로 깨닫지 못해 갈등으로 뭉친 마디마디가 풀리는 듯한 글들입니다.

내가 아는 유정순 소장은 자신의 밝은 기운을 타인에게 전달하는 긍정적 에너지가 넘치는 사람입니다. 이 글을 통해 그녀의 긍정적 에너지가 다문화가정을 포함한 여러 가정에 삶의 활력소가 되어 줄 것으로 기대됩니다.

이 책은 스스로 가정 행복을 찾아가는 지혜를 담고 있습니다. 따라서 많은 가정에서 부부간에 함께 읽기를, 또 장차 가정을 준비하는 이들도 미리 읽어보기를 추천합니다.

경기대학교 명예교수
경기도다문화교육센터 운영위원
최 충 옥

추천사 2

인류의 출발과 함께하였으며, 사회를 구성하는 가장 기본적인 단위는 가족입니다. 사람이 태어나서 처음 맞닥뜨리는 사회집단이며, 구성원 간에 정서적 지지가 이루어지는 마음의 '안식처'이지요. 또한 가족은 개인의 성장과 발달, 사회와 국가를 유지하고 발전시키는 기능을 수행하고 있습니다.

한국의 가족제도는 삼국시대의 가부장적 제도로 출발하여 고려시대에는 의례와 법률로 확립되었고, 조선시대에는 관혼상제(冠婚喪祭)의 가례(家禮)를 통해 일반화 되었습니다. 그리고 산업화와 도시화에 따라 대가족제도는 해체되어 핵가족이 주류를 이루었으나, 최근에는 사회구성원이 다민족화 되는 다문화국가로 진입하였습니다.

현재의 한국 다문화사회가 미래를 추동할 바람직한 동력이 되려면, 한국사회의 근본 토대가 되는 가정에서 발생하는 현실적인 문제를 정확하게 진단하고, 이를 토대로 본원적인 해결책이 제시되어야 할 것입니다.

저자는 1990년 상담공부를 시작한 이래 수십 년간 학교·군·법원·경찰 등 다양한 기관에서 전문적인 상담가로 활동해왔습니다. 또한 응급을 요하는 생명의 전화, 사랑의 전화, 서울시 교육청과 YMCA 남성의 전화 등에서 많은 실무경험을 축적하였으며, 2005년부터는 다문화가정 상담을 전문적으로 해오며 부부세미나 등 관련활동을 활발히 펼치고 있습니다.

저자는 이 책을 통하여 동서고금과 동서양을 막론하고 모든 가정에서 벌어지는 가정문제에 대한 근본적인 해결책을 과학적인 근거를 통해 제시하고 있습니다. 특히 30여 년간 집약된 상담사례와 실증자료 등을 토대로 가정에 벌어지는 문제와 해결책을 구체적으로 이야기하고 있어 신뢰감을 주고 있습니다.

그 첫 번째는 가정을 구성하고 유지하는 핵심이 되는 부부문제에 대해서 '모든 인류의 핵심가치가 부부의 성에서 비롯되고, 남자들에게 성은 바로 물과 공기와 같다. 아무리 뜨거운 사랑의 열정도 3년을 넘기지 못한다.'고 말하며, 결혼 후 식어가는 부부간의 애정 문제와 그 해결책을 전하고 있습니다. 특히 부부의 성생활에 대해서는 '사랑은 동사이고 접촉이며, 접촉 없는 사랑은 가짜'라고 전하며, 구체적으로 부부간의 성생활의 방법까지 알려주는 그야말로 살아있는 '행복한 부부 되는 법'을 전합니다.

두 번째는, 부모와 자녀 사이의 많은 갈등에 대해서는 '뿌리가 튼튼해야 좋은 열매가 열립니다. 절대 문제아는 없고, 오직 문제부모만 있다.'며, '아이들은 부모의 말을 듣고 성장하는 것이 아니라, 부모의 뒷모습을 그대로 밟아옵니다.'라는 말로 자녀문제 해결의 방법은 부모에게서 찾아야 한다고 제시합니다.

세 번째로, 저자 스스로가 실제 다문화가정으로서 그 문제점들을 공유하고 체험하고 있으며, 16년째 다문화가정 상담전문가로서 접했던 수많은 상담사례를 바탕으로 다문화가정만이 안고 있는 문제의 핵심을 전해주고, 그 해결의 길로 안내하고 있습니다.

마지막 네 번째로, 저자는 가정 내에서 일어나는 모든 문제에 대해서, '남편과의 문제, 아이와의 문제, 시어머니와의 문제에서 겪는 그 고통스러움이 내 문제라는 것을 내가 깨닫고 이해할 때까지 고통은 계속 오게 되어 있어요.'라고 정의합니다. 즉 가족 문제의 해결책을 본인에게서 찾을 수 있도록 그 방법을 구체적으로 제시하고 있습니다.

저자가 지금까지 해온 강연을 52개의 에세이 형식으로 정리한 이 책은 다문화가정을 포함해 현재 가정문제를 안고 있는 모든 사람들과 행복한 가정을 꿈꾸는 모든 이들에게 가장 필요한 필독서이자 길라잡이라 할 것입니다. 그리고 '바닷가의 조개들을 보면 단 하나도 똑같은 것이 없습니다.'라는 저자의 말처럼, 구어체로 저술된 이 책은 마치 저자가 독자와 1:1로 상담하는 것처럼 느껴져 편안한 독서의 즐거움을 선사합니다.

가을 절기에 홍보석 같은 열매가 농익어서 밖으로 터져나온 석류알처럼, 30년간 쌓이고 쌓였던 저자의 삶과 체험 그리고 경험이 세상에 드러나게 된 것은 무척이나 큰 위안입니다. 저자의 노고에 심심한 감사를 전합니다.

사단법인 다문화종합복지센터 이사장

손 병 호

시작하며

급변하는 시대흐름 속에서 늘어난 수명으로, 부부가 예전보다 훨씬 오랜 시간을 함께해야 하는 현실입니다. 그래서 과거의 방식으로 계속 살려 하다가는 많은 가정들이 위기를 맞게 될 것입니다. 가부장제의 관습으로 백세시대를 살기에는 시대가 너무 변했습니다. 이 책의 제목 '눈으로 듣는 남편, 귀로 보는 아내'처럼, 서로의 정서적 감정적 차이점을 존중하지 않고 지난 제도와 관습으로 마냥 묻고서 살기에는 이제 버겁습니다.

가정의 중심은 부부입니다. 부부의 소통능력이 가정행복의 척도임은 자명한 사실입니다. 하지만 부부 및 부모자녀 간에 어떻게 건강한 소통을 해야 하는지 배운 적이 거의 없습니다. 서로를 이해하지 못해 좌충우돌 살다보니 서로의 가슴에 생채기가 쌓이고 가슴에도 피멍이 듭니다. 가장 사랑해야 할 가족관계 안에서 가장 큰 상처를 입는 경우도 너무나 많습니다.

건강한 소통과 행복한 가족관계를 위해서는 무엇이 필요하고 어떻게 해야 할까요? 남녀는 어떻게 다른지? 남편은 왜 그렇게 이해가 안 되는 행동을 하는지? 아내는 왜 늘 불만이 많은지? 부부간의 성은 어떻게 다른지? 행복한 성생활은 어떻게 해야 하는지? 자녀들은 왜 문제 행동을 일으키는지? 그 해법은 무엇인지? 행복의 비밀은 어디에 있는지? …

삶의 현장에서 펼쳐지는 실질적인 가정의 고민사례들이 오랜 상담 경험으로 많이 쌓였습니다. 그래서 처음으로 가정주부 등 여성대상 교육과정, 정기적인 부부워크숍 세미나를 통해 강연했던 내용 등을 정리하여 강연에세이로 엮었습니다. 논리적이고 분석적인 글이 아니라, 실제 현장에서 가장 민감하고 또 효과있는 내용과 대응을 모았습니다.

상담실은 대부분 여성들이 찾습니다. 여성들은 자신의 문제를 관계를 통한 대화로 정리하려 하고 이해하는 것을 선호합니다. 남편이 너무 말이 없어 그 생각을 몰라 힘든 여성들, 성생활이 중요한 남편들과 별 관심이 없는 아내들, 부모가 애쓰는 만큼 그 속을 몰라주는 자녀들, 자녀의 성장을 위한다지만 오히려 실수를 연발하는 부모들이 많습니다. 모두가 교육부재요, 그로 인한 소통부재에서 오는 문제들이 많다는 것을 알게 됩니다.

부부세미나 등을 통해 서로의 속마음을 열고 들어가면, 켜켜이 쌓인 상처들이 봇물처럼 터져 나와 눈물바다가 되는 걸 목격하곤 합니다. 서로 부둥켜안고 울며 용서의 시간을 갖기도 하고, 포기했던 관계들이 기적처럼 회복되는 사례들을 많이 접하게 됩니다. 부부는 젓가락과 같아서 두 짝이 같이 있을 때만 제대로입니다. 상담이든 교육이든 함께 참석하게 되면 빠른 시간 안에 놀라운 시너지를 경험하게 됩니다.

아직도 상담실은 문제가 있는 사람이 간다는 부정적 사회인식이 있습니다. 하지만 상담실은 문제 있는 사람이 가는 곳이 아니라 행복하게 살고 싶은 사람들이 모이는 곳입니다. '호미로 막을 일을 가래로도 못 막는다.'는 말이 있습니다. 작은 문제가 생겼을 때 빨리 전문가를 찾으면 쉽게 해결될 일을 시간이 너무 경과해 굳어져버린 경우들을 볼 때 안타까움이 듭니다.

오랜 기간의 교육과 상담을 통해 관계를 회복하고 건강하고 행복하게 살아가는 분들을 보면 말할 수 없는 보람과 기쁨을 느낍니다. "소장님! 소장님은 우리 집의 구세주예요."라는 말을 들을 때 한층 더 책임감의 무게를 느끼게 됩니다. 그동안 전국을 돌며 밤낮없이 뛰어다니며 눈물을 닦아주었던 나날들, 작은 도움으로 힘을 되찾고 회복해가는 가정들을 볼 때 내가 이 길을 선택한 것이 얼마나 잘 한 일인가 큰 보람을 느끼곤 합니다.

알코올중독 남편을 끝까지 놓지 않고 치유의 길로 인도한 아내, 자신이 무지해 그동안 아내와 자녀들에게 너무 상처를 주고 잘못한 게 많았다며 진심어린 눈물로 사과하는 멋진 남편, 부부세미나 후 28년 만에 처음으로 남편에게 진심어린 사랑을 느꼈다며 고백한 아내, 자퇴를 고민하다 한 시간 상담으로 선생님처럼 상담자가 되겠다며 꿈을 찾고 그 꿈을 이뤄가는 예쁜 다문화 2세, 부부가 어떻게 살아야 하는지 이제야 길을 알았다며 기뻐하는 많은 부부들….

가장 가까이 살을 맞닿고 살지만, 자칫하면 가장 멀어질 수도 있는 부부. 남편은 귀로 보는 아내를 이해하고, 아내는 눈으로 듣는 남편을 더욱 이해해야 할 때입니다. 수없이 많은 사람들을 만나 상담을 해오면서 아직도 남편과 아내가 서로를 이해하지 못하고 있다는 것을 절실히 느끼며 그 사례들과 해법으로 제시했던 내용들을 중심으로 이 책을 엮었습니다. 어려운 전문서적이 주는 지적 충족은 아니더라도, 잠시 모든 가족구성원과 나를 돌아보며 생각하고, 그래서 그 가정마다 사랑과 행복이 한 줌이라도 더해진다면 더할 나위없는 보람으로 남을 것입니다.

I

백세시대,
가정도 변해야

가정도 리모델링해야

이제 가정도 행복해지려면 리모델링 시간이 필요합니다. 예전처럼 수명이 60세쯤이면 크게 문제가 안돼요. 결혼해서 아이 낳아 키우고 시집장가 보낼 때쯤 거의 인생이 끝나거든요. 그런데 요새 60세는 인생을 새로 시작하는 시기예요. 몇 안 되는 아이들 독립시키고 부부가 제2의 인생을 시작해야 해요.

그런데 여기서 가정의 리모델링이 없으면, 부부가 앞으로 어떻게 살아갈 것인가에 대한 합의된 설계와 계획이 없으면, 더 행복해지기는커녕 많은 사람들이 이혼하게 될 것입니다. 이제 키우거나 책임질 아이도 없기 때문에, 더 이상 여성들이 인내하려고 하지 않습니다. 요새는 엄마들도 많이 일하잖아요. 배우자가 함부로 하면 절대로 참고 살지 않는다는 걸 확실히 알아야 합니다. 시대의 흐름을 읽지 못하고 변화하지 않으면 도태되는 것입니다.

예전에는 거의 아빠들이 밖에 나가 일하고 아내들은 집안에서 살림하는 것이 일상적인 가정의 모습이었지요. 가족부양의 책임을 진 아빠

들은 새벽에 나가서 밤중에 들어왔어요. 심지어 토요일 일요일도 일하고, 1년 365일 일하는 아빠들도 많았어요. 아내하고 대화 나눌 시간도 없었어요. 아이들하고 친밀감을 형성할 시간도 없었어요. 다시 말해 가족들과 교감할 시간이 거의 없었지요.

그런 아빠가 그렇게 미친 듯이 일하다 퇴직하고 집에 들어앉으면, 수입이 딱 끊기고 할 일이 없어져요. 그때에서야 아빠들은 이제 가족들과 함께해야겠다는 마음이 생긴단 말이에요. 그런데 가족들은 그동안 아빠를 누구라고 생각했어요? 뭐하는 사람? 돈 벌어오는 사람. 아빠는 오직 돈벌어오는 존재로 가족들에게 각인되어 있어요. 돈벌어오는 역할이 없어지니까, 아빠는 집안에서 애물단지가 되는 거예요.

진짜 더럽고 치사한 소리를 다 들어가면서, 아빠들은 눈 딱 감고 가족을 위해 열심히 미친 듯이 살아왔어요. 그런데 정작 집에 돌아올 시기가 되니까 모든 가족들이 다 싫어해요. 왜냐하면 너무 가족을 위해 바쁘게만 살다 보니 가족들과 친밀감을 맺을 시간이 없었던 거예요. 아내와도 대화할 시간이 없었으니까 살가운 관계가 안 되어 있고, 하루 종일 보기도 힘들었던 자식과는 말할 것도 없어요. 자식들에게 아빠는 완전히 돈벌어오는 기계, 돈 못 벌어오면 우리 집안에 아무런 가치가 없는 존재로 여기는 가정들이 많아요.

제가 상담했던 한 분은 잘나갔던 대기업 간부였어요. 퇴직하고 나서, 이제 자기는 가정이 소중하고 아이들과도 많이 함께하고 싶었는데, 다 자기하고 얘기도 안 하고 피한다는 거예요. 함께하려하면 바퀴벌레가 달아나듯이 슬슬 다 자기 방으로 들어가 버린다는 거예요. 아빠가 들어와도 인사도 안 하고 다 피하던 어느 날, 친구와 한 잔 하고 돌아왔는데 딸이 거실에 있다 인사도 않고 또 자기 방으로 쏙 들어가더라는 거예요. 그때 참고 있던 울분이 터져 "이놈의 새끼들, 아빠에게 인사도 안 해!" 그랬더니 스물일곱 살쯤 된 딸이 "쳇, 자기가 언제부터 아빠래. 한 게 뭐가 있다고?" 하면서 문을 쾅 닫더래요.

이 아빠가 무지렁이 아빠도 아니고 대기업 다니던 엘리트였어요. 그런데 스물일곱 살 먹은 딸이 하는 행동에 그만 분노가 폭발해 그 순간 옆에 있던 화분을 거실 바닥에 집어 던지며 "이 놈의 새끼! 어디서 배워 먹은 배은망덕한 버릇이냐!"며 "문 열어!" 하고 고함을 쳤답니다. 딸이 어떻게 했게요? 안에서 문을 꽉 잠그고 112에 가정폭력으로 고소한다며 신고한 거예요. 그런 아빠들이 수없이 많아요.

나는 자연인이다?

지금 50대 이상 아빠들은 거의 이렇게 될 확률이 높아요.

식구들 먹여 살리느라고 자기 나름대로는 능력이 있으면 있는 대로, 없으면 없는 대로 열심히 사셨거든요. 그렇지만 가족 간에 친밀감을 쌓을 시간이 거의 없었어요. 그래서 가정에 돌아오는 순간, 자기 공간이 없는 거예요. 자기 자리가 없는 거예요. 늘 외로워요. 그래서 은퇴한 남편들이 제일 많이 보는 TV프로가 '나는 자연인이다'예요.

그 재미없고 구차하게 사는 프로를 왜 뚫어지게 보고 있느냐 봤더니, 그게 자기의 롤모델인 거예요. 자기가 가족에게 수용되지 않고, 그 역할이 무겁고 힘들어서 그래요. 아무 간섭도 안 받고 그냥 마음속으로라도 산속에서 사는 게 많은 남편들의 로망인 거예요. 가족들에게는 재미도 없는 프로가 왜 이렇게 장수하며, 아빠들이 열심히 보는지 우리 아내들은 그 심정을 이해해야 해요.

여러분, 남편들이 정말 불쌍해요. 아빠들은 여태껏 가정에서 아내를 어떻게 사랑하고, 자녀들과 어떻게 지내야 하는지 교육을 받은 적이 없어요. 자식이 학교에 갔는지 밥은 먹었는지 챙겨줄 여유도 없었어요. 먹고사느라고 그럴 환경이 안 됐어요.

상담하다보면 다문화가정 아내들이 남편에 대해 많은 불만들을 얘기해요. 하지만 저는 남편들과 딱 5분만 상담하면 바로 통합니다. 왜냐면 남편들과 같은 시대에서 같은 경험을 하고, 같은 정서를 공유한 같은 세대이기 때문이에요. 그렇기 때문에 금방 그 마음을 이해해요.

한번은 어느 외국인 아내가 울면서 상담을 해 왔어요. 자기가 아이를 가졌고 낳고 싶은데 남편이 절대 싫어한다는 거예요. 빨리 애를 지우라고 한대요. 어떻게 그럴 수가 있느냐며, 울면서 인간도 아니라고 해요. 그래서 저는 '남편의 형제가 몇 명이냐?' '그 남편의 학력이 어떻게 되느냐?'고 물었더니, 형제가 열 명이었고 찢어지게 가난한 집이었대요. 남편은 너무나 형편이 어려워서 초등학교밖에 못 나왔고요.

그런데 지금 아이들이 세 명인데, 또 하나가 더 생기니 가정이 난리가 난 거예요. 그런 남편에 대해 너무 서운하고 이해할 수 없다며 아내가 울며불며 원망을 하는데, 저는 딱 한마디 해줬어요. "나는 그 심정이 너무나 이해가 간다."고요. 아이를 또 가졌다고 길길이 뛰는 남편의 심정이 너무 이해가 가는 거예요.

저도 아이 많은 집안에서 태어났어요. 11남매 중에 8번째였어요. 거기에다 너무 가난했어요. 지겨웠어요. 형제가 많은 게, 가난한 게 징글징글 했어요. 결혼도 안 하고 애도 절대로 안 낳으려고 했어요. 사람마다 모두 상처가 있어요. 그 남편은 가난에 대한 깊은 상처가 있는 거예요.

부부 상담을 진행해 가면서, 아내는 힘들고 어려웠던 남편의 어린 시절의 상처를 들으면서 처음으로 남편을 가슴으로 이해하게 되었어요. 가난한 부모를 만나 힘들었던 자신처럼 어렵게 살면서 고생할까봐 두려웠다는 남편의 아픈 눈물을 보며 아내도 함께 부둥켜안고 많이 울었지요. 결국 서로의 상처를 이해하고 부부가 소통이 되니 그 네 번째 아기는 세상에 나와 지금 무럭무럭 잘 자라고 있답니다.

때로는 밉고, 철없어 보이지만 사실 상처투성이 외로운 남편들이 많습니다. 내 아이를 잘 키우고 싶다면 남편에게 아버지의 자리를 찾아주고 엄마 같은 큰 품으로 먼저 안아주는 것이 사랑이지요.

열정을 뛰어넘는 사랑

삶은 현실입니다. 2014년 11월에 개봉한 '님아, 그 강을 건너지마오.' 라는 영화에 대해서 아시나요? 강원도 산골의 외딴 집에 살고 계시는 노부부… 우리보다 화려하게 사나요? 집이 좋나요? 자동차를 타고 다니나요? 돈이 많나요? 그런 건 아무것도 없어요. 그래도 불행해 보이나요, 행복해보이나요? 너무 행복해보여요. 이렇게 두 분이 정답게 살다가 할아버지께서 77년의 결혼생활을 마치고 안타깝게 돌아가셨어요.

사실 할아버지는 고아였어요. 그래서 할머니 집에 머슴처럼 일꾼으로 오신 거예요. 그때 할머니가 열세 살이었어요. 워낙 성실하시니까 할머니의 부모님이 사위로 거두신 거예요. 인터뷰에서 할아버지는 부모도 없이 고아로 정말로 어렵게 살았다고 했어요. 그런데 집주인이 자기를 사위이자 가족으로 삼아줬다는 것이 너무나도 감사했대요. 그래서 가족이 되어준 귀한 할머니에게 평생 동안 절대 일을 안 시키겠다고 다짐했다고 해요. 농사도 거의 혼자서 일하는데, 항상 할머니는 졸래졸

래 따라다니며 이야기도 하고 돕고 그런 거예요. 이 분들의 살아온 이야기를 보고 듣노라면, 진정한 사랑의 실천자들이었다는 생각이 들었어요. 전 이 분들을, 소박하지만 진정한 '참사랑의 모델'로 꼽고 싶어요.

아무리 뜨거운 사랑의 열정도 3년을 넘기지 못한다고 해요. 그렇게 뜨거운 사랑으로 결혼했으면 더 잘 살아야 하는데, 이혼한 사람들 중에 연애결혼한 사람들이 훨씬 더 많습니다. 내가 선택한 사랑이기 때문에 더 오래도록 사랑할 것 같지만, 연애결혼이 훨씬 더 이혼율이 높아요. 왜냐하면, 연애의 열정에 빠지면 곰보자국도 보조개로 보인다고, 모든 단점도 장점으로 보이거든요. 어느새, 그 사람을 이상화시키는 게 바로 열정 호르몬의 작용이지요.

열정 호르몬이 식고 나면, 이상화시켰던 단점들이 사실대로 보이기 시작하며 실망감이 급속도로 커져요. 그래서 결혼 5년 이내의 이혼율이 가장 높았어요. 그런데 요즘은 황혼이혼율이 신혼이혼율보다 더 높아진 거 아시죠? 왜냐하면 인간수명이 급속히 길어지면서, 적당히 견디며 혼인생활을 유지하기가 힘들다는 거예요.

이 시대의 여성들은 우리 어머니들처럼 참고 살지 않아요. 옛 어머니 시대에는 이혼녀라는 주홍글씨가 깊게 새겨졌고, 혼자서 살기 힘든 사회구조였어요. 직업을 구할 수도 없었으니 당장 먹고 살 수조차 없었어요. 딸린 애들도 많아서 어디 갈 수도 없었어요. 그러니 남편이 알코올중독자든 가정폭력을 당하든 그것을 끊고 헤어나오기 쉽지 않은 환경이었어요.

그런데 지금은 21세기예요. 사회가 완전히 달라졌습니다. 여성들이 남성보다 오히려 학력도 더 높아지고, 판사 변호사 등 법조인만 봐도 우수한 실력의 여성들이 더 많아요. 여성들이 똑똑하고 많이 배우고 자존감도 더 높아졌기 때문에, 우리 부모세대처럼 무작정 참고 살지 않는다는 거예요. 과거 부모들이 살았던 방식에 학습되어 세상의 변화, 시대의 흐름을 외면하면 이제는 여성들이 더 이상 참지 않습니다. 황혼이혼은 앞으로도 훨씬 더 많아질 걸로 봐요.

이렇게 변화하는 사회 현상 속에서 열정이 식어도 사랑을 유지하며 오랫동안 행복하게 사는 사람들에게는 어떤 비밀이 있을까요?

사랑의 다섯 가지 언어

과학자들의 연구에 의하면 사랑의 감정 중 열정 호르몬은 유효기간이 있다는 사실이 밝혀졌어요. 그 말은 아무리 뜨거운 사랑도 열정의 호르몬은 줄어들 수밖에 없다는 거예요. 계속 열정에 휩싸여 있다면 우리는 일상생활을 할 수 없기 때문이에요. 그런데 그 할머니 할아버지처럼 오랫동안 따뜻한 관계 속에서 행복하게 사는 사람들도 있지요? 그런 사람들에겐 어떤 비밀이 있을까요?

여기에서 우리는 모국어처럼 사람마다 더 선호하는 사랑의 모국어가 있다는 사실을 알아야 해요. 게리 채프먼(Gary Chapman)이라는 학자는 사랑의 언어를 다섯 가지로 구분해 놨어요. 이중 여러분은 어떤 사랑의 언어를 더 선호하는지 한번 생각해 보세요.

첫째는 '인정해 주는 말'입니다. 어떤 사람은 배우자에게 인정해주는 말을 들을 때 '나는 저 사람에게 존중받고 사랑받는 사람'이라고 더 많이 느낀다고 합니다. 그 사람의 사랑의 모국어는 바로 '인정해주는 말'인 거예요. 이런 욕구가 높은 사람은 상대로부터 인정을 받을 때 자신이 더 사랑받는다고 느끼겠지요?

둘째는 '함께하는 시간'이에요. 이 사랑의 언어를 선호하는 사람들은 배우자와 함께 취미활동을 하거나 일을 하거나 뭔가를 함께 할 때 더 행복감을 느끼는 사람이에요. 그런데 함께한다는 것이 물리적인 공간만을 의미하는 게 아니에요. 반드시 들어가야 할 것은 마음을 주고받는 대화입니다. 이것이 '함께하는 시간'의 핵심입니다.

셋째는 '선물'이에요. 어떤 사람은 말로 "사랑한다."고 하면 마음에 별로 와닿지 않아요. 작은 것이라도 물질에 마음을 담아 전할 때 진정성이 있다고 느끼는 거예요. 전에 상담했던 분 중에 남편은 외국출장이 많아 돌아올 때마다 아내를 위해 뭔가 선물을 사다 줬어요. 그런데 아내는 한 번도 고맙다는 말은 안 하고 툴툴거리며 쓸데없는 것을 사왔다고 면박을 준다는 거예요. 그럴 때마다 자신의 마음을 알아주지 못한 것 같아 섭섭했지만, 그래도 또 선물을 사온다고 하더군요.

나중에 아내 분을 만나 상담을 해보니 아내의 사랑의 언어는 함께하는 시간이었어요. 남편의 사랑의 언어는 선물이고 아내는 함께하는 시간이었기 때문에 아내는 선물보다 남편과 다정히 시간을 보내며 도란도란 이야기 나누는 것이 행복하다고 했답니다. 그제야 서로의 사랑의

언어가 다름을 이해하는 시간이 되었지요.

넷째는 '봉사'예요. "당신 이거 좀 도와줘요."라고 말했을 때 해주는 게 아니라 미리미리 내가 할 일을 덜어주고 도와줄 때 더 깊은 사랑을 느끼는 사람이 있어요. 이 사람들의 사랑의 언어는 '봉사'예요.

특히 자녀들이 어렸을 때는 아빠도 힘들지만 엄마들이 정말 힘들어요. 가사와 아이 돌봄에 지치고 거기에 밖의 일까지 하고 있으면 너무도 피곤하지요. 요즘은 남편들이 가사분담을 많이 한다고는 하지만 그래도 집안에선 아내들의 일이 더 많은 건 사실입니다. 봉사는 상대를 위해 내가 먼저 알아서 도와주는 사랑의 행동이지요.

다섯째는 '스킨십'이에요. 어떤 사람은 배우자하고 손잡고 걷고, 따뜻하게 서로 포옹하고 스킨십을 했을 때 사랑을 더 느끼게 돼요. 여러분 남편 중에도 만지는 것을 좋아하는 사람이 있죠? 그런 사람은 '스킨십'이 사랑의 언어예요. 그래서 그냥 아내의 피부를 만지는 게 좋은 거예요. 그런데 여러분들은 스킨십이 자기 언어가 아니면 어때요? 나의 언어는 봉사일 수도 있어요. 만지지 말고 청소나 도와줬으면 하니까 안 맞는 거죠. 그래서 갈등이 생겨요. 남편은 '스킨십'이 사랑의 언어인데 만지면 싫다고 하고 자주 짜증을 내면 상처를 받게 되겠지요? 반대도 마찬가지고요. 그래서 내가 내 사랑의 언어를 아는 것도 중요하고, 내 배우자가 어떤 사랑의 언어를 선호하는지를 아는 것도 매우 중요해요. 그리고 배우자에게 내 사랑의 언어를 잘 알려줘야 돼요. 상대가 원하는 사랑의 언어를 더 많이 표현해주는 것이 바로 사랑이에요.

물론 이 다섯 가지가 다 사랑의 언어예요. 그리고 음식도 골고루 먹어야 몸이 건강하듯이, 건강한 사람은 이 다섯 가지 사랑의 언어를 골고루 다 사용하는 사람이에요. 그 중에 고기를 더 좋아하는 사람도 있고 야채를 좋아하는 사람도 있잖아요. 그런 것처럼 사람마다 선호하는 사랑의 언어가 있다는 거예요. 배우자와 서로 사랑의 모국어가 무엇인지 오늘은 함께 이야기를 나눠보기 바랍니다.

남녀의 뇌 차이, 그 비밀을 열다

남자와 여자는 뇌가 다릅니다. 남자는 오른쪽 뇌가 발달되어 있어 공간 지각능력이 뛰어납니다. 또 머리 앞뒤로 발달되어 움직임을 잘 포착하고 사물의 방향과 속도를 잘 감지합니다. 그래서 운전은 일반적으로 남자들이 잘합니다. 물론 85% 비중의 일반론으로, 남성이지만 여성적 능력, 또는 여성이지만 남성적 능력을 가진 15%를 제외한 이야기입니다.

그리고 남자의 뇌는 논리적 분석적인 면이 강하지요. 그래서 주로 옳으냐 그르냐를 많이 따집니다. 그래서 남자들은 종종 "그게 옳다고 생각해? 그게 말이 되는 소리야?"라는 말을 많이 합니다. 그리고 남자들의 뇌는 한 번에 여러 가지 일을 하지 못합니다. 지혜로운 아내라면 한 번에 한 가지 일을 부탁하고, 하고 나면 반드시 피드백으로 칭찬을 해주어야 합니다. 남자는 자기를 인정해주는 일에 목숨을 겁니다.

남자들은 나를 인정해주는 사람을 만나면 목숨을 걸어도 아깝지 않다고 생각하는 사람들이 많아요. 그런데 우리 아내들은 남편들을 잘 인

정해주지 않아요. 어쩌면 그렇게 남편들 칭찬에 인색한지 몰라요. "다른 사람들에게 다 칭찬받아도 아내에게는 칭찬받기가 힘듭니다." 이렇게 말하는 남편들이 많아요.

종종 아내들은 "칭찬꺼리가 있어야 칭찬을 하지!" 이렇게 말을 합니다만, 남자들에게는 한 번에 한 가지씩 요구하고 반드시 피드백으로 칭찬해주는 것이 중요합니다. 남자들은 자신이 상대에게 도움을 주는 존재라고 느낄 때 뿌듯해지고 힘이 생깁니다. 그래서 상냥하게 부탁하고 수고해준 남편에게 칭찬을 해주는 태도가 매우 필요합니다. 인간에게 인정 욕구는 매우 중요합니다. 특히 남편들에게는 더욱 그러하지요.

그리고 남자들이 화를 잘 낸다고 보는 이유도 뇌 때문입니다. 일반적으로 남자들의 감정뇌가 여자들보다 약합니다. 그러니까 어떤 충격에 민감하게 반응합니다. 뇌 과학자들이 분석한 결과, 남자들이 화가 나서 뚜껑이 열리면 최소한 20분 동안은 감정 통제가 쉽지 않다는 것이 밝혀졌어요. 그래서 기다려줘야 합니다.

그런데 아내들은 그걸 잘 모르기 때문에… "여보, 그게 아니고, 내 말 좀 들어봐요!" 하며 목소리를 높이는데, 남편의 뇌는 이미 그 말을 듣지 못합니다. 감정의 홍수 속에 빠지면 이미 아내의 말이 안 들리고 설득

하려고 할수록 불난 집에 기름을 붓는 격이 되기 쉬워요. 남자들이 이성적인 판단을 못할 때는 가라앉을 때까지 기다리는 지혜가 필요해요.

이것은 여자가 잘못했다거나 지는 것이 아니에요. 남자의 뇌가 불탈 때는 자기 통제가 어려운 때라는 걸 알고 기다려주는 게 여자의 지혜라는 이야기입니다. 그렇게 기다려주지 않고 몰아세우면, 남자들은 두 가지밖에 반응하지 않습니다. 하나는 공격하거나, 또 하나는 도망가거나입니다. 본능적으로 두 가지 반응밖에 하지 못합니다. 그래서 가정에서 남편들이 극도로 열 받으면, 폭력이 일어나거나 집에서 나가버립니다.

여자들은 말을 해서 상황을 해결하고 답답함을 풀려 하고, 이해를 해야만 화가 풀리는 스타일이지만, 기다려주는 여유가 필요합니다. 일반적으로 여자들은 5분 정도면 스스로 화난 감정을 달랠 수 있다고 밝혀졌어요. 여자들이 감정을 다스리는 데 있어서 남자보다 낫다는 것을 미리 알고 남편을 대하는 지혜가 필요합니다.

부부싸움의 80% 이상은 아내 쪽에서 먼저 시작합니다. 아내들은 잔소리를 먼저 많이 하기 때문에 부부싸움이 자주 일어나요. 그리고 싸움의 85%는 남편들이 먼저 등을 돌리고 도망갑니다. 그 이유가 뭐예요?

남자들이 화를 식히는 시간이 여성보다 길기 때문에 공격하거나 도망가거나 하는 것입니다. 그래서 분노의 자정능력이 뛰어난 여성이 그렇지 못한 남성을 쥐구멍까지 몰지 말아야 합니다. 기다려주어야 합니다.

반면 여자들은 일반적으로 좌측 뇌가 발달됐지만 양측 뇌가 잘 연결되어 있어요. 그래서 언어표현력이나 기억력이 남성보다 뛰어나요. 말싸움을 하면 누가 이길까요? 개인차는 있겠지만 대부분 여자들이 이깁니다. 그래서 가장 어리석은 남성은 아내하고 말싸움하는 남편입니다. 아내들의 기억력은 매우 촘촘합니다. 또 말을 3배 이상 많이 하고 잘합니다. 그래서 아주 오래전인 몇 십년 전의 일도 기억에서 끄집어내서 말하곤 합니다. 특히 상처받은 기억은 5배 이상 더 기억을 잘해요. 그래서 여자의 상처는 감정적으로 위로받지 못하면 켜켜이 기억에 쌓여 수시로 튀어나오게 됩니다. 치유되지 않은 상처는 가슴에 한으로 남는 게 보통 여자들의 감정이에요.

남자는 기분에 살고, 여자는 감정에 사는 존재입니다. 이게 좀 달라요. 남자는 상황에 따라 기분이 수시로 바뀌면서 저절로 풀어지지만, 여자의 감정은 상처 입었을 때 치유되지 않으면 한으로 쌓입니다. 시루

떡처럼 쌓입니다. 그래서 언제 튀어나올지 모릅니다.

그래서 아내는 남편 기분이 안 좋으면, 맛있는 것 등으로 기분 좋게 해줄 수 있어요. 하지만 아내가 감정에 상처를 입으면, 남편은 감정을 다시 매만지며 다독여줘야 합니다. 왜 그러는지 아직 모르는 상황이라면, 감정에 상처 주는 일이 왜 생겼는지를 물어보고 다독여줘야 해요. 그러지 않으면 촘촘히 쌓여서 문제가 돼요.

그래서 여자들은 남편이 오늘 잘못한 일만 가지고 싸우는 게 아니에요. 남편은 기억에도 없는 수십 년 전 것까지 아내는 늘 다시 소환하는 거예요. 치유되지 못한 아내의 상처를 만져주지 못했기 때문이에요. "언제 적 이야기를 또 꺼내서 소다리처럼 우려먹냐!"라며 남편이 속 터져 하지만, 여자들은 감정의 상처를 남편이 보듬어주지 않으면 잊히지 않아요. 이게 남자와 여자가 다른 점이에요.

남자와 여자는 근본적으로 다른 게 많다는 것을 먼저 인정해야 돼요. 이것을 인정하지 않으면 문제를 풀기가 어렵습니다.

열정에서 친밀감, 책임감으로

다들 결혼을 했지만 마음속으로 누군가를 짝사랑한 경험이 있지요. 있는 것이 정상이에요. 우리는 모두 성장하면서 누군가를 좋아하거나 그리워하는 마음을 가져요. 그걸 흔히 뭐라고 불러요? 사랑이라고 표현을 해요.

너무너무 그 사람이 보고 싶고, 24시간 그 사람 생각이 나고, 그 사람이 일어났을까, 뭘 먹었을까, 누구를 만날까, 전화를 안 받으면 왜 안 받을까, 무슨 일이 생겼나, 온통 모든 생각이 어디에 가 있어요? 내가 좋아하는 그 사람에게 가서 꽂혀있는 것, 그걸 우리가 일반적으로 사랑이라고 하죠. 그리고 그렇게 사랑하는 사람을 만나서 평생을 살아가는 것이 모든 사람들의 로망이죠.

그런데 이 세상에 그런 사랑이 있을까요? 없어요. 없기 때문에 우리가 그리워하는 거예요. 그렇게 그 사람을 그리워하고 미친 듯이 몰입하는 상태를 우리가 사랑이라고 믿고 있지만, 그것은 사랑의 세 가지 요소 중에 한 가지인 열정에 빠져있는 상태를 말하는 거예요.

예일대학교의 로버트 스턴버그(Robert J. Sternberg)라는 학자는 사랑의 삼각형이론에서 사랑은 친밀감, 열정, 헌신(책임) 이렇게 세 요소로 이루어져 있다고 말하고 있어요. 우리가 흔히 사랑이라고 표현하는 일반적인 감정은 세 가지 중 '열정'에 빠져있는 상태를 의미하지요. 그런데 아쉽게도 학자들의 연구에 의하면 이 열정의 호르몬은 유효기간이 있는데, 평균 900일로 밝혀졌어요. 아무리 멋진 스타들이 세기의 결혼을 해도 어때요? 그런 열정이 쭉 이어질까요? 너무나 슬프게도 900일 이상은 넘지 못해요.

살다보면 종종 "얼굴도 못생기고 성질도 더럽고 매력도 없는 이런 남자하고 내가 왜 살아야 할까." 이렇게 생각할 때가 있잖아요. 누구나 상대와 소통이 안 되고 사랑받지 못한다고 느끼면 그런 억울한 마음이 들 수 있어요. 남편이 너무 잘해주고 나를 위해주고 사랑해주면 그런 마음이 안 생기는데, 돈도 못 벌어오고 성질도 더럽고 말도 거칠게 하고 그러면 어때요? 우리가 존경하거나 사랑하기가 너무 어려워요. 그러니까 우리 마음에서 억울함이 생기는 거예요.

중매결혼을 하는 사람 중에 "이럴 줄 알았으면 좋아하는 사람하고 연애라도 해볼걸. 내 인생이 너무 억울해." 이런 말을 하는 사람을 봤을 겁니다. 그런데 너무 억울할 필요가 없어요. 왜냐하면 우리가 사랑이라고 생각하고 믿고 있는 환상은 사실은 단지 열정에 빠져 있는 상태를 말하기 때문이에요.

여러분도 그렇잖아요. 여러분도 5년, 10년 같이 살면서 남편하고 여러 생활문화가 다르니까 부딪치는 게 굉장히 많잖아요. 저도 남편이 이해 안 되는 게 많아요. 우리 남편도 제가 이해될까요? 이해 안 되는 게 많을 거예요.

열정의 호르몬이 쏟아질 때는 서로가 달라도 모두 상대를 이상화시켜요. 그래서 결점도 다 장점으로 보이게 하는 마법에 빠지는 거예요. 그때는 사랑의 열정으로 다 수용이 돼요. 하지만 눈에 콩깍지가 벗겨지고 나면 어때요?

"당신은 생각하는 게 왜 그 모양이야?" "그게 말이 된다고 생각해?" 하면서 싸우는 경우가 많아져요.

그래서 열정 다음에는 뭐가 있냐면 친밀감이에요. 열정은 모든 초점이 그 사람에게 가있고 그 사람만 생각하는 강렬한 감정이에요. 그런데 그게 견고한 사랑이 되려면 친밀감이 잘 형성되어야 해요. 친밀감이라는 것은, 같이 있으면 신뢰가 가고 따뜻하고 편안하고 안심이 되고 보호받는 느낌의 감정을 말해요.

열정이라는 감정은 1년이면 약 50%가 줄어든다고 해요. 그러면 그 사이에 친밀감이 잘 형성되지 않으면 어떨까요? 그래서 통계적으로 1년이 되면 연인들의 약 50%가 헤어져요. 요즘은 헤어지는 기간이 훨씬 짧기도 한 것 같아요. 그만큼 변화가 빠른 시대라고도 볼 수 있겠지요? 친밀감이 잘 형성된 사람들은 책임감이 생겨요. 그래서 결혼을 하게 되는 거예요.

연애결혼은 일반적으로 그 사람을 보고 호감이 생기고 편안함을 느끼며, 열정적으로 사랑하다 반해서 평생 함께하고 싶다고 느끼고 결혼이라는 책임감을 선택하는 거예요. 상대방에 대한 헌신이죠.

열정, 친밀감, 책임감, 이 세 가지가 정삼각형을 이룰 때 가장 완전한 사랑이라고 해요. 그런데 완전한 사랑을 하는 사람이 있을까요? 그것은 불가능해요. 하지만 평생 따뜻하고 행복하게 살아가는 사람들도 주변에 있어요. 그런 분들을 보면 서로에 대한 존중과 신뢰가 깊고, 친구와 같은 우정의 관계를 지속해가는 특징이 있어요. 앞에서 말한 사랑의 다섯 가지 언어를 잘 주고받으면서 상대에 대해 감사하고 귀하게 여기는 마음이 기본에 깔려있다는 것을 알 수 있어요.

열정, 친밀감, 책임감. 여러분 사랑의 삼각형은 어떤 모습인가요? 여러분에게 부족한 부분이 어떤 부분인지, 그 부족함을 높이려면 나는 무엇을 좀 더 노력해보고 싶은지 한번 체크해 보고 서로 이야기 나눠 볼까요?

남편은 아내에게 무엇을 원할까?

부부상담전문가 윌라드 할리 박사가 부부갈등을 겪고 있는 2만7천 쌍의 부부에게 조사를 한 내용이 있어요. 2만7천 명의 남편들에게 "아내에게 바라는 10가지를 쓰세요."라고 했더니 그 중의 1위가 뭘까요? 모든 남편들이 아내에게 원하는 결혼의 목적이 뭐냐면 성적인 만족이에요. 그만큼 남편에게 성이라는 것은 중요한 거예요.

남자들은 여자들처럼 그렇게 복잡하지 않아요. 남자들에게 제일 중요한 것은 일단 먹는 거예요. 여러분, 제발 남편한테 밥 좀 주세요. 어떤 남편이 저에게 상담을 와서 "밥을 못 먹고 산다."고 호소한 적이 있어요. 그 남편이 새벽에 일을 나가는데 아침을 못 먹고 가면 너무 힘들다는 거예요. 아내가 한 번도 아침을 안 해줬대요. 그러니까 자기는 너무 힘들다는 거예요. 그런데 집에 돌아오면 아내는 일하러 나갔고, 집에 먹을 것이 없고, 아침에 나갈 때도 먹을 것이 없대요. 그러니까 어느 날은 "내가 왜 살아야 하는가…." 하고 옥상에 올라가서 죽으려고 했는데 아이들이 마음에 걸려 못 뛰어내렸다고 하더라고요.

그런데 남편이 이렇게 힘들어 하는 것을 아내가 알았을까요, 몰랐을까요? 전혀 몰랐다는 거예요. 그 아내는 능력이 있는 우수한 사람이었기 때문에 자기 남편은 자기에게 만족한다고 생각하고 있었어요. 남편이 그런 불만을 말하지 않았기 때문에 우리는 행복한 부부라고 착각을 해도 아주 심한 착각을 하고 살았던 거예요. 그런데 남편이 죽고 싶었다고 하니까 충격을 받고, 그때부터 아내가 바쁘더라도 꼭 아침밥을 챙겨주고 있다고 해요. 그게 바로 남자들이에요.

그런데 밥보다 더 중요한 것이 성(性)이에요. 남자들은 생리적으로 사랑하는 패턴이 여자들과 달라요. 남편들이 원할 때는 아내 분들이 기분을 따지지 말고 가급적 사랑에 응해주셔야 해요. 이것은 우리 아내들이 알 수 없는 남편들의 생식적, 본능적인 것이기 때문에, 그렇게 사랑하고 싶을 때 여러분이 여러 가지 이유로 거절을 한다면 남자들은 자기 존재에 대한 거절로 받아들여요. 그래서 마음에 굉장히 큰 상처를 입게 돼요.

제가 남편들 상담을 해보면 그런 상처가 반드시 걸려있어요. 어느 날 아내한테 어떤 이유로든 2, 3번 거절을 당하니까 그다음부터는 남편이 완전히 마음을 닫아버린 거예요. 그래서 10년 이상 부부생활을 안하는 경우도 있어요. 다른 여자가 있는 것도 아니에요. 그때 완전히 마음의 문을 닫아버렸고, 부인 꼴도 보기 싫었대요. 이런 남자들이 은근히 잘 삐쳐요.

남자들에게 성은 바로 물과 공기와 같아요. 물은 계속 안 먹으면 살 수 있어요? 죽어요. 공기 없는 곳에서 살 수가 있나요? 죽어요. 그런데 여러 가지 이유를 가지고 남편하고 성생활을 안 하게 되면 마음이 점점 멀어지게 되어 있어요. 절대로 가까워질 수 없어요. 부부관계가 다른 관계하고 다른 것이 뭐냐면, 서로 싸우기도 하고 마음의 갈등도 있지만 서로 안아주고 사랑하고 몸을 부딪치면서 다시 회복해가는 거예요. 그런데 그런 것이 다 단절되고 일반적인 스킨십도 안 하고 다른 방에서 자버리면 절대 마음의 교류가 일어나지 않아요. 그러니까 이것을 꼭 신경을 쓰셔야 돼요.

여자들은 감정이 상하면 사랑하기 싫죠. 부부 상담이 중요하고 부부 교육이 중요한 이유는 이런 남녀의 차이를 많이 교육해야 하는데, 거의 여성들만 상담하고 교육받으니 조금 안타까워요. 제가 여러 곳에서 부부세미나를 했었는데 남편들의 교육 효과가 훨씬 높아요. 아내들에게는 그런 교육의 기회가 많은데 남편들은 그런 교육의 기회가 많이 없어요. 인식도 없고요, 필요성도 몰라요. 하지만 남성들은 이성이 뛰어나기 때문에 어디 가서 자기 마음을 건드리는 계기가 되면 훨씬 깨달음이 빨라요. 우리 아내들은 생각이 많기 때문에 이 생각 저 생각 복잡한데 남성들은 간단해요.

사랑하는 것과 밥해주는 것, 이것만 제대로 하면 많은 문제는 없어져요. 남성들은 자신이 성적기능이 왕성하고 부부관계가 잘 되고 있으면 굉장히 자부심을 느끼고 자신감을 느껴요. 성기능이 떨어지면 자신감이 확 떨어져요. 남성들은 40세가 넘으면 성기능이 떨어지게 돼요. 그래서 남편이 이유 없이 나를 멀리하고 사랑하는 것을 기피하면 꼭 그런 것을 의심해봐야 돼요. 같이 병원에 가서 상담을 받으면서 무슨 문제가 있는지 아내들도 어떤 노력을 해야 하는지 알아야 돼요.

그렇게 해서 꼭 행복한 여러분이 되시기를 바랍니다. 아이들만 잘 키우려고 하지 마세요. 아이들을 잘 키우려면 먼저 남편을 존중하고 사랑해야 돼요. 그러지 않으면 아이가 잘 클 수가 없어요. 부모가 뿌리이기 때문에 뿌리가 썩었는데 어떻게 열매가 열리겠어요? 겉모양만 있을 뿐이지 내용은 하나도 없어요. 저는 그런 분들의 자녀들도 상담하면서 많이 보기 때문에, 여러분은 잘 키웠다고 생각할지 모르지만 심리적으로 이려운 자녀들이 많아요. 그런 자녀들에게 부모의 문제들이 그대로 스며있어요.

사랑은 동사에요. 그리고 사랑은 접촉이에요. 접촉을 안 하는 사랑은 가짜 사랑이에요. 그리고 먼저 자신에 대해서 인정하고 사랑하는 것이 중요합니다. 자기 스스로를 인정하고 사랑해야 돼요. 그게 안 되면 여러분은 사랑한다는 이름은 가졌으나 절대 사랑하는 사람들이 아니에요. 먼저 자신을 인정하고 사랑하는 것을 배워야 합니다.

아내는 남편에게 무엇을 바랄까?

앞에서 남편들이 아내에게 원하는 첫 번째는 성적 만족이라고 했지요? 윌라드 할리 박사(Willard F. Harley Jr.)는 그 외에도 남편들이 바라는 2위가 '여가 활동의 동반자'였어요. 남편들은 의외로 아내와 취미를 같이하기를 원했어요. 그런데 아내들은 아이들도 있고 하다 보니 젊은 날은 남편과 취미를 함께하기가 쉽지 않아요. 그러나 나이 들어가면서는 부부가 같은 취미를 한가지쯤 갖게 되면 대화도 많아지고 함께하는 시간도 많아지고 공감할 수 있는 일이 많아져요. 때문에 부부가 함께할 수 있는 취미를 갖기를 적극 추천합니다.

3위는 '매력적인 외모'였어요. 남자들은 일반적으로 여자보다 시각이 발달되어 있지요. 그래서 시각적인 정보에 의해 영향을 많이 받는답니다. 우스갯소리로 "남자는 누드를 좋아하고 여자는 무드를 좋아한다."고 하잖아요. 맞는 말이에요. 남자들은 보는 것에서 많은 자극을 받기 때문에 눈으로 보는 것에 영향을 많이 받아요. 그래서 자기 아내가 매력적인 사람이 되기를 원하지요. 아내들도 내면의 성장도 중요하지만 외적으로도 깨끗하고 아름답게 자신을 가꾸는 것도 매우 중요해요. 남자들은 보통 개인적으로는 배우자가 매력적인 사람이기를 원하지만 공적인 자리에서는 자랑스러운 아내이기를 바라기도 하지요.

4위는 '가정에서의 안식'이었어요. 동양이나 서양이나 남편들은 집에 돌아오면 좀 편히 쉬고 싶어하는 것은 같은가 봐요. 사실 여자들도 직장 여성들은 똑같아요. 밖에서 일하느라 에너지를 다 쏟고 오기 때문에 집에 돌아오면 아무것도 하고 싶어하지 않아요. "나에게도 아내가 필요해!" 이렇게 외치고 싶은 게 일하는 여성들의 심정이지요. 어쨌든 남편들은 가정에 돌아오면 좀 편하게 쉬고 싶다는 욕구가 4위였어요.

그리고 5위는 칭찬이었어요. 인간은 누구나 인정을 원하지만 남편들은 칭찬에 대한 갈망이 더 높은 것 같아요. 여자들처럼 사고가 복잡하지 않기 때문에 남편이 수고한 점들을 잘 인정하고 칭찬해줄 때, 더 많은 도움을 주고 싶어 한답니다. 남편들을 움직이게 하는 힘! 바로 칭찬이에요.

그럼 아내들은 남편에게 무엇을 원했을까요? 아내들이 남편에게 원하는 5위는 '가족을 위한 헌신'이었어요. 아이들이 어렸을 때는 남편의 역할이 더 중요해요. 아이들과 깔깔거리며 몸을 부딪치고 놀아주는 남

편을 보면 그렇게 사랑스럽고 예쁠 수가 없어요. 아이들 공부를 봐주고 이야기를 들어주고, 가족이 함께하는 시간을 가질 때, 아내들은 '이 남자를 정말 잘 선택했구나!' 안정감을 느끼게 되고 감사와 사랑의 마음을 정서통장에 입금하게 되지요.

4위가 '경제적 책임'이었어요. 무엇보다 중요한 것이 가족을 위한 경제적 책임이지요. 요즘은 맞벌이도 많지만 그래도 주책임은 주로 남편들이 집니다. 남편들은 그만큼 책임감을 느끼게 되고 정신적으로 부담도 되지만, 아내들은 성실하게 경제적 책임을 다 해주는 남편을 보면 정말 든든하고 존경스럽지요.

3위는 '솔직함과 개방성'이었어요. 남편들은 일반적으로 아내들에게 이야기를 잘 안 하는 경향이 있잖아요? 그런데 아내들은 무슨 일이든지 남편이 솔직하게 말하고 함께 의논해 주기를 바라지요. 아내들은 남편에게 신뢰감을 갖고 대화를 한다는 것이 좋은 관계를 의미하기 때문에 남편의 개방성과 솔직한 태도는 매우 중요해요. 그래서 처음부터 좋은 일도 안 좋은 일도 솔직하게 의논해주기를 바라지요. 하지만 남편들 심리는 아내에게 이야기 해봤자 어차피 해결도 못하고 아내 걱정만 시킨다는 생각에 혼자 해결하려는 경향이 강해요. 가끔은 예전에도 비슷한 상황에서 이야기했다가 이해받지 못한 경험 때문에 말을 안 하는 분들도 있지요. 남편들이 솔직하게 이야기하기를 바란다면 아내들도 비난과 잔소리를 멈추고 무슨 말이든 수용해 줄 수 있는 경청의 자세를 갖는 것이 필요하겠지요.

2위는 대화였어요. 상담실에는 남편이 너무 말이 없어 무슨 생각을 하며 사는지 모르겠다며 답답함을 호소하는 여성들이 많이 옵니다. 남자들은 일반적으로 자기 이야기를 잘 하지 않아요. 가족 간에 그렇게 이야기가 필요하다고 느끼지 않은 분들도 많고요. 그러나 아내들은 남편들보다 대화 욕구가 3배에서 5배 이상 높기 때문에 이 욕구가 충족되지 않으면 불행감을 느끼는 사람들이 많아요. 여자들에게 대화는 '사랑'이에요. 여자에게 대화는 '호흡'과 같아요.

그리고 아내들은 귀가 예민해요. 보통 남자들보다 정서적으로 10배가 예민하다고 해요. 그래서 큰소리나 폭력적인 말을 하면 10배 이상 상처를 입는다는 것을 기억하세요. 반대로, 따뜻하게 배려하는 친절한 말은 10배의 감동을 받겠지요? 그래서 공감적 대화가 너무 중요해요. 그래서 남편이 대화를 차단하거나, 듣지도 않고 빨리 결론을 말하라고 하면 그만 마음이 닫혀버리고 말을 하고 싶지 않아요. 아내가 이야기를 하고 싶어하면 언제나 아내를 향해서 몸을 돌리고 얼굴을 마주하며 잘 들어주려는 자세를 가져보세요. 아내는 존중받는 느낌이 들고 우리가 연결되어 있다는 생각이 들어 사랑의 호르몬이 나오게 된답니다.

그럼 아내가 남편에게 원하는 1위는 무엇이었을까요?

그것은 바로 '애정표현'이었어요. 사랑은 남편이 아내에게 먼저 주는 거예요. 아내를 따뜻하게 안아주고, 손을 잡아주고 음식도 맛있다고 해주고, 예쁘다고 해주고, 고맙다고 해주고, 선물을 사주는 이런 행위들이 모두 애정표현인 거죠. 특히 우리 남편들은 다 잊어버려도 일 년에 두 번의 기념일은 기억해야 해요. 바로 '아내의 생일'과 '결혼기념일'이에요. 이 두 가지 기념일은 꼭 챙겨야 해요. 그날을 기억해 따뜻한 감사의 인사와 작은 선물과 오붓한 식사 한 끼면 돼요.

제가 부부세미나를 해보면 아내들은 언제나 남편 생일을 챙기는데, 남편들은 아내 생일이나 결혼기념일을 기억도 못하는 사람들도 많이 있어요. 그런 행동은 아내 마음을 섭섭하게 하고 상처를 주게 됩니다. 여성은 감성적이기 때문에 작은 정성에 감동을 해요. 기억력이 뛰어나기 때문에 감동받은 고마운 일도, 상처 받은 사건도 오래 기억하게 되지요.

언젠가 제 생일 때 남편이 일본에 있었어요. 그런데 생일이라고 작은 티셔츠를 하나 소포로 부쳐왔어요. 가격으로 치면 한 만원가량 되는 평범한 티셔츠였어요. 아마 보내는 소포비가 더 들었을 거예요. 남편이 제 생일을 기억해주고 멀리서 선물을 보낸 것도 고마웠는데 티셔츠와 함께 온 작은 카드에 굉장히 감동을 받았어요. 손 글씨였는데 서투른 한국어로 "당신 생일 축하해요. 생일에 곁에 있어주지 못해 미안해요. 예쁜 당신이 입으면 더 잘 어울릴 것 같아 보냅니다. 당신을 만나서 감사하고 행복합니다. 사랑해요."라고 쓰여 있었어요. 남편은 평소 제가 좋아하는 색깔의 티셔츠를 사서 손 편지와 함께 보냈더라고요. 30년 동안 가장 기억에 남는 감동의 생일 선물이었어요.

여자들의 마음은 그렇게 작은 것에 감동받고 움직이게 되지요. 아내들이 남편에게 바라는 1위는 바로 이렇게 소소한 '애정표현'이었답니다.

남편과 아내가 원하는 욕구는 사람마다 조금씩 다를 수 있어요.

뒤에 부록 편에 각자의 감정적인 욕구 순위를 서로 체크해 보시면 좋을 것 같아요.

차마 몰랐던 부부의 성(性)

성(性)이 정체성인 남성에 대해 제대로 성교육을 받은 아내가 드물지요?

남자와 여자의 '오목볼록'이라는 성기관은 사실 인간 정체성에 있어서 제일 중요한 기관입니다. 하나님이 창조하신 남녀의 생식기에 인류의 해답이 있어요. 저도 이십년 넘게 활동한 성교육 강사이지만, 왜 남녀의 생식기가 중요한가의 그 가치를 먼저 알아야 합니다.

보통 여자들은 "마음으로만 사랑하면 안 되나?" 하며, 평생 관계를 안 해도 별로 아쉬울 것도 없는 사람들도 많아요. 남편이 돈 벌어오면 아이들 키우고 그냥 사는데 별 불만이 없어요. 그런데 뭐가 그렇게 관계하는 게 중요하냐고 해요. 아니 중요해요. 너무나 중요해요. 아무도 그 중요성에 대해 교육을 해주지 않았어요.

왜 생식기가 중요하냐면, 첫째로 부부가 되어서 사랑을 나누는 사랑의 기관이에요. 우리가 살아가는 이유와 목적과 방향에 있어서, 부부의 사랑은 아주 큰 부분이에요. 그 부부사랑의 핵심 중의 핵심이 부부의 성입니다. 다른 사랑에서는 다 사랑을 공유할 수 있지만, 부부 사랑만큼은 부부만이 성을 공유해요.

모든 인류의 핵심가치가 부부의 성에서 비롯되어요. 그래서 생식기는 부부가 사랑을 나누는 '사랑의 기관'이에요. 또 사랑을 통해서 생명이 탄생하고 인류가 만들어지는 '생명을 만드는 기관'입니다. 아울러 우리의 조상과 후손을 잇는, '혈통을 계승하는 기관'이에요. 이 세 가지가 생식기의 아주 중요한 가치예요.

인간이 다른 동물과 다른 점은, 동물은 새끼를 가질 때만 교미를 해요. 그런데 인간은 아기를 가질 때만 사랑을 하지는 않아요. 우리의 의지와 접촉으로 마음의 동요가 있을 때 사랑을 나눌 수 있는 것이 인간이에요. 원하는 아이를 낳고 난 다음에는 사랑을 할 필요가 없다고 생각하는 사람들이 의외로 많아요. 여성들이 특히 더 그래요. 우리가 살아가며 죽을 때까지 해야 되는 것이 사랑이에요. 그 기반이 바로 남녀의 생식기예요. 인간의 혈통을 계승하는 위대한 가치를 지닌 생식기에 대해서 우리는 너무나 무시하는 경향이 있어요.

그럼 남편들은 아내를 어떻게 사랑해야 할까요? 여자는 귀로 사랑합니다. 여자들은 귀가 민감하기 때문에, 그래서 아내에게 소리 지르

고 함부로 말하면 안 되는 거예요. 여자들은 소리에 대해 민감하고요, 나쁜 말을 들으면 굉장한 상처를 받습니다. 거기에다 기억력이 뛰어나요. 여자들에게는 잘 들어주고, 잘 공감해 주어야 합니다. 그래서 목소리 좋은 남자가 말까지 잘 들어주면 더 좋아하게 되는 겁니다.

그러면 실제 부부생활을 들여다볼까요. 대개 남자들은 내가 사랑하고 싶다 하는 성적 욕구가 일어나서 사정하기까지 3분이면 족합니다. 약한 남자 일부가 그런 것이 아니라, 모든 남자들이 그렇게 되어 있어요. 전 세계적으로 남자들의 피스톤운동으로 사정까지는 대략 2분 정도밖에 안 돼요. 그런데 남자들은 열심히 피스톤운동만 오래 하면 여자들이 만족할 것이라고 착각한다는 거예요. 그 환상을 오늘 이 시간부터 완전히 지워야 돼요. 여러분이 너무 잘못된 성교육을 받은 거예요.

성교육은 다들 어디서 받나요? 남자들끼리 잡지에서 성인물에서 야동에서 배운 거예요. 말하자면 여자가 없는 가운데 성교육을 받은 거예요. 그래서 여자의 신체나 심리나 정서를 제대로 모르는 거예요. 그러니 성생활에서 계속 헛발질을 하고 있어요. 어느 때에, 왜 아내가 성생활을 싫어하는지를 알아야 해요. 그것을 아무도 가르쳐주지 않았어요.

지금까지 모든 성을 남성들이 지배해왔고, 여성들은 억압된 성을 표현하지 못했어요. 그래서 내가 뭘 원하고 싫어하는지를 차마 말을 못했어요. 말하면 뭔가 정숙하지 못한 여자로 비춰질까봐 걱정한 거죠. 남자들은 스태미너 좋아지라고 별 음식을 다 먹으며 난리를 치잖아요. 정말 아무 소용없는 짓이에요. 힘만 들고 아무 소용없어요. 그래서 남자의 오랜 피스톤운동만이 아내를 만족시키고 오르가즘에 오르게 한다고 생각하는 것은, 정말 남자들의 잘못된 성지식이에요.

일반적으로 여자가 왜 성생활에 만족하지 못하느냐면, 여자와 남자의 근본 차이 때문에 그래요. 남자들은 성관계와 정서의 비율이 9:1이에요. 그래서 사랑하지 않는 사람하고도 성관계를 할 수 있는 이유가, 남자들은 성관계 그 자체가 핵심이에요. 그런데 여자들은 성관계에 만족을 하려면 90% 이상 정서적 만족과 감정적 유대감이 형성되어야 해요.

남자의 성은 생식적으로 정낭이 꽉 차면 배출하고 싶은 욕구가 아주 강렬해져요. 그 충동이 얼마나 강력한가를 비교하자면, 마치 고속도로에서 버스 타고 가는데 너무너무 쉬가 마려워 오직 머릿속에 휴게소가 얼마 남았나 전전긍긍하는 것과 같아요. 그렇게 간절하고 오직 그것밖에 생각이 안 되는 그 느낌하고 비슷하다고 우리 여자들이 생각하면 돼요. 이것은 제 얘기가 아니라 어떤 여성학자의 자기 체험담이에요.

이 여성학자는 본인이 심리학자인데 이런 걸 제대로 이해하지 못하면서 부부관계를 말한다는 것이 너무나 모순된다고 생각했어요. 그래서 남성의 대표적인 성호르몬인 테스토스테론 수치를 재고, 자기 몸에 그만큼의 성호르몬을 주입하며 실험을 한 거예요. 그랬더니 하나도 섹스욕구가 없었는데, 호르몬을 주입하니 남편과 관계하고 싶은 욕구가 불현듯 치솟더라는 거예요. 그간 남자의 성을 전혀 이해하지 못한 걸 그제야 깨달았어요.

일상에서는 남성에게 옥시토신(oxytocin)이라는 사랑의 호르몬은 거의 나오지 않습니다. 옥시토신은 접촉이라든지 친밀감이라든지 이런 인간관계에서 나오는 호르몬으로, 아기를 낳아 젖먹일 때 대표적으로 나오는 사랑의 호르몬이에요. 남을 보호하고 돌보고 싶어 하는 호르몬인데, 이 호르몬이 남자들에서는 잘 안 나와요. 여자들하고 달라요. 그런데 어느 순간 폭발적으로 나오는 때가 있습니다. 그 호르몬이 남성에게는 사랑하기 직전과 만족하게 사랑하고 난 후에 평소보다 500배 이상이 나온다고 합니다.

그런데 남편이 사랑하고 싶은데, 아내가 계속 거절하며 "나 힘들어,

피곤해, 짜증나. 아이, 저리가!"라고 하면 어떻게 돼요? 나를 사랑하고 보호해주고 싶은 500배의 호르몬을 버리는 것과 똑같아요. 그리고 테스토스테론이라는 남성 성호르몬은 공격성을 품고 있는데 이런 경우에 저절로 나와요. 많은 남성들이 아내가 성관계를 잘 안 해주고 거절하고 그러면 공격적으로 변해요. 그래서 가정폭력 등 가정문제가 생기는 경우도 많아요.

아내는 정서가 채워지지 않기 때문에 남편을 거절할 수밖에 없고, 남편은 성욕이 채워지지 않기 때문에 폭력성이 생겨요. 상담을 하다보면, 가정폭력의 경우에 이런 메카니즘이 반복되는 경우도 많아요.

감동스러운 부부 성생활

남자들은 관계자체가 90%여서 행위로 해결되지만, 여자들은 절대 그렇게 안 돼요. 여자들은 정서적인 유대가 채워지지 않으면 사랑하고 싶지가 않아요. 그래서 남편이 상처를 입더라도 거부하는 거예요. 우리 남편들은 아내의 정서적인 만족 90%가 채워져야, 성관계의 10% 만족과 함께 전체적인 100% 만족이 되는 걸 이해해야 됩니다.

너무나 육체적으로 피곤하거나, 정서적으로 여건이 되지 않으면 여자는 사랑이 싫어져요. 그때 강제적으로 관계를 맺으면 부부간 성폭력이 됩니다. 법적으로도 인정된다는 것 아시죠? 아무리 부부라도 상대가 원하지 않는데 강제적으로 하면 안 돼요. 그래서 내가 아내를 사랑하고 싶으면 정서적으로 아내를 편안하게 하고, 자기를 받아들일 수 있도록 준비해야 해요.

아내의 마음과 몸의 준비를 위해, 본격적인 부부사랑 전에 전희단계가 필요합니다. 부부간에 사랑을 시작하기 전, 아내가 만족하려면 '전희가 몇 분 정도 필요할까요?'라는 리서치를 했더니, 남편들은 평균

10분 정도라고 대답했어요. 잘못 알고 있어요. 여러 조사에서 여자의 몸이 정서적인 안정 상태에서 받아들일 준비가 되는데 평균 21분이 걸린다고 합니다. 늙어 가면 가는 대로, 배가 나왔으면 나온 대로, 가슴이 처졌으면 처진 대로. 부부가 서로 사랑하는 것은 자연스럽습니다. 서로 연민의 정을 느끼며 닦아주기도 하고, 만져주기도 하면서, 만족스러운 시간이 되도록 부부가 노력해야 합니다.

여자의 몸은 악기이므로, 부드럽게 머릿결을 만져주기도 하고 쓰다듬어주기도 하며, 관계를 목적으로 하시지 말고 소통을 목적으로 한다고 접근해야 해요. 가슴의 젖꼭지는 생식기와 연결되어 있으므로 부드럽게 먼저 만져주고 입으로도 해주세요. 그렇게 해서 몸이 달아오르면 질에 손가락을 막 집어넣지 말고, 생식기의 클리토리스 성감대를 부드럽게 만져주면 아내의 몸이 달아오릅니다.

그때 우리 남편들이 착각하기 쉬워요. 아내가 막 흥분을 시작하면 준비가 됐구나 하고 바로 들어가려고 해요. 그렇게 하면 완전히 실패하는 거예요. 절대로 들어가면 안 돼요. 아내가 더 이상 견딜 수 없을 정도가 되도록 완전하게 만져주셔야 돼요. 그 전에 들어가서 끝내면 완전히 실패해요. 그것은 절정에 도달하려는 남편들의 사정을 바로 직전에 멈춘 것하고 똑같다고 합니다. 굉장히 기분 나빠지는 거예요.

사랑의 손길만으로도 절정에 도달하기 때문에 아내의 질은 극적으로 변해요. 보통 아이를 낳고 나면 질이 넓어져 헐거워지는데, 이때는 탱탱하게 탄력이 생겨요. 아이를 열 명 낳았어도 그래요. 이게 신의 엄청난 창조섭리예요. 아내가 완전히 절정에 가까워지면, 남편의 생식기가 크든 작든 꼭 맞게끔 변해요.

남자들은 보통 45세를 넘어가면 약 65~70%가 발기부전이 온다고 합니다. 아주 자연스런 몸의 현상인 거예요. 그 나이를 지나서도 성생활이 원활하면 굉장히 감사한 일이죠. 그리고 성기능에 문제가 생겼더라도 지금은 치료제들이 너무나 잘되어 있어요. 그건 부끄럽거나 숨길 일이 아니고요. 성은 신이 우리 인간에게 주신 가장 거룩하고 아름다운 것으로, 그걸 거부하는 자체가 부자연스러운 거라고 봐요.

여자들도 50세가 넘으면 대부분 갱년기가 찾아와요. 그래서 질이 마르기 때문에 그냥 들어오면 아파요. 그렇다고 사랑을 못하냐면 절대 그렇지 않아요. 서로 정서적으로 통하면 더 재미있게 사랑할 수 있고, 죽을 때까지 사랑할 수 있어요. 체액은 절대 마르지 않습니다. 인공적으로 젤을 발라서 하는 케이스도 있지만, 서로 정서적으로 유대해서 잘 만져주고 감정을 고조시키면 아내의 질이 촉촉하고 탄력이 생겨요.

제대로 알고 사랑을 하면, 남녀의 생식기가 마치 볼트와 너트처럼 딱 맞아요. 체험해보지 않으면, 절대 설명이 불가능해요. 그렇게 한 것과, 그냥 급해서 남편만 하는 것과는 전혀 달라요. 근본적으로 달라요. 아내들은 이렇게 만족하게 성생활을 하고 나면 너무 행복하고 머리가 맑아진다고 해요. 이럴 때 남편들은 끝났다고 금방 등 돌리고 자지 마세요. 여자들은 끝난 다음의 여운이 더 중요해요. 서로 닦아주고 만져주고 껴안으면서, 서로가 얼마나 소중한 존재인지 고맙고 사랑스러운 존재인지 피부로 느껴야 해요.

아내들도 알아야 할 것이, 남편의 마음은 가슴에 있다, 이렇게 착각하지 마세요. 남편의 마음은 생식기에 있어요. 정말 지혜로운 아내는 남편의 기분에 따라 그것을 조정할 줄 알아요. 남녀의 생식기가 얼마나 소중하고 귀한 가치를 가지고 있는지, 왜 사랑의 힘이 그곳에서 샘솟는지 정확히 알아야 해요.

이런 부부워크숍 세미나교육을 마치고 나면, 어떤 분은 30여년 만에 처음으로 부부의 감동을 느꼈다는 분도 계세요. 결혼 28여년 만에 아내가 이렇게 좋아하는 걸 처음 봤다는 분도 있고요. 많은 분들이 아내가 이렇게 사랑에 기뻐하는 것을 처음 알았다고 해요. 다들 몰랐다는 거예요.

II

자녀는
부모 뒷모습을 따른다

나는 어떤 부모인가

여러분은 어떤 부모인가요?

좋은 부모는 어떤 부모일까요?

우선 부모의 유형을 네 가지로 나눠서 한번 살펴볼까요?

첫째, 허용하는 부모입니다.

이 유형의 부모는 두려워하는 부모입니다. 이런 부모유형은 사랑수치는 높지만 훈계수치는 낮은 부모이지요. '허용하는 부모'는 자존감은 매우 낮고 열등감이 큰 자녀를 만듭니다. 언제나 자녀에게 "오냐, 오냐." 하는 부모지요. 자녀가 계속 말을 안 듣고 떼를 쓰면 돈을 주며 "가서 아이스크림 사먹어라." 하는 부모가 '허용하는 부모' 유형입니다. 이런 부모는 말 안 듣는 자녀에게 뇌물을 주는 부모입니다. 부모가 이렇게 하면 자녀는 "내가 엄마 아빠 말 안 들어도 괜찮네. 아니, 말을 안 듣는 게 더 낫네."라는 메시지를 받습니다.

두 번째는 태만한 부모입니다.

이 유형은 돌보지 않는 부모입니다. 이런 부모는 사랑도 표현하지 않고 훈계도 일체 하지 않는 부모입니다. 아이를 방치하는 부모이지요. 자녀를 하나님께 다 맡겼다 하면서 자녀에게 관심을 보이지 않는 부모도 태만한 부모입니다. 이런 부모의 자녀는 부모와 친밀함을 전혀 느끼지 못하고 버림받았다고 느낍니다.

세 번째는 권위주의적 부모입니다.

이 유형은 싸우는 부모입니다. 사랑은 잘 표현하지 않지만 훈계는 매우 엄격한 부모입니다. 이런 부모와 자녀 사이의 의사소통은 말다툼이나 싸움의 형태로 나타납니다. 권위주의적 부모는 자녀가 가출하지 않고는 못 배길 정도로 자녀를 쥐어짭니다. 자녀는 부모에 대한 애정을 전혀 느끼지 못하고 늘 반항심만 가득하지요.

네 번째는 권위 있는 부모입니다.

이 유형은 교제하는 부모입니다. 이런 부모들은 사랑과 훈계를 잘 조합한 부모입니다. 횡포를 부리는 권위주의자가 아니라 따뜻하지만

엄격한 권위를 지니고 있지요. '하라, 하지 마라.'의 분명한 선이 있지만 매우 따뜻하지요. 이런 부모 밑에서 자란 자녀는 자존감이 높고 부모를 본받고 싶은 마음이 가득합니다. 부모를 롤모델로 삼고 싶어 하지요.

여러분, 우리 아이들이 잘 자라기를 바라지요? 그러기 위해서는 아이들의 정서에 대해 알아야 해요. 인간에게는 플러스 정서와 마이너스 정서가 있다는 사실을 먼저 알아야 해요. 마이너스 정서의 가장 밑바닥에는 수치심이라는 정서가 있어요. 이 정서가 높은 아이들은 '나는 부끄러운 존재다. 나는 이 세상에 태어나지 말았어야 해.' 하는 자기 부정이 높지요. 주로 부모의 심한 학대나 비교, 버림받은 상처를 가진 아이들이 많아요. 자신에 대해 수치심을 가지면 아이들이 잔인해져요. 사람을 죽이고 동물을 죽여도 아무렇지도 않게 생각하는 사이코패스, 그런 사람들이 보통 수치심이 아주 높습니다.

그 외에도 불안, 두려움, 분노 등 이런 마이너스 정서를 가지고 있어요. 여러분 아이들이 이런 정서에 사로잡혀 있으면 좋은 행동을 취하기 어려워요. 어른이 아무리 뭐라고 해도 듣지 않고 여러분이 원하는 방향으로 가지 않아요.

그럼 어떻게 해야 할까요? 이 마이너스 정서를 플러스 정서로 가도록 전환시켜줘야 해요. 그 첫 번째가 용기예요. 아이들에게 용기를 줄 수 있어야 돼요. 용기를 줄 수 있는 것은, 지지해주고 격려해주는 거죠.

어떻게 하면 공부를 잘하게 할 수 있을까, 여러분들이 제일 많이 고민하잖아요. 공부 안 하려고 하는 아이를 공부시키지 마세요. 저는 그렇게 생각해요. 공부하고자 하는 아이, 공부에 욕심이 있는 아이들은 해요. 여러분들이 하라고 안 해도 해요. 그런데 운동이나 다른 것에 관심이 있는 아이들은 학원에 보내도 절대 공부를 하지 않아요. 자신이 원하는 분야가 이미 있기 때문에 그것에만 집중하거든요. 그러니 시험 점수가 늘 바닥일 수밖에 없어요.

아이들을 상담하면 이런 말을 합니다. 엄마 아빠는 왜 학원에 가기 싫다는데 강제로 보내면서, 너 때문에 돈이 얼마나 드는지 아느냐고 화를 내고 또 부부싸움을 한다는 거예요. 제일 바보 같은 부모가 공부에 취미도 없는 아이를 강제로 학원 보내고 성적이 안 오른다고 화내는 부모라는 거예요. 그런 아이들은 차라리 하고 싶은 분야를 찾아서 그 쪽으로 일찍 진출할 수 있게 희망을 주세요.

소위 명문대를 나와도 요즘 많은 아이들이 취직을 못한다고 해요. 그러니까 공부에 목숨을 걸지 말고, 아이들이 뭘 원하고 잘하는지 관찰을 잘해서 진로를 결정하는 것이 중요해요. 청소년기 아이들은 성장의 욕구를 가진 강력한 존재예요. 그리고 우리가 이해할 수 없는 어떤 행동을 하더라도 그 행동에는 반드시 긍정적인 의도가 스며있어요.

아이들이 학교를 안 가고 싶어 한다면 그게 왜 긍정적인지 부모는 이해할 수 없겠지만, 그 아이가 그러는 바탕에는 긍정적인 이유가 반드시 있어요. 학습을 못 따라가 무너진 자존감을 지키고 싶거나, 왕따를 당하기 때문에 자신을 보호하고 싶은 것일 수도 있어요. 의도가 모두 다릅니다.

아이들은 잠재력과 가능성이 무한해요. 그리고 아이들 스스로가 자신의 해답을 가지고 있어요. 우리 아이들을 보니까 저는 그걸 알아요. 정말 그래요. 그래도 놔두고 믿어주고 사랑하고 서로 이야기를 많이 하다보면 다 스스로 대답을 찾아간다는 거예요. 아이들은 항상 최선을 선택해요. 여러분이 봤을 때는 가출하는 애들도 있고, 학교 안 가는 애들도 있고, 온통 난리친다고 생각할지 모르지만 절대 그렇지 않습니다.

그 아이가 어떤 삶을 살지 아무도 몰라요. 그 대신 아이가 어떤 선택을 하더라도 그 아이를 놔버리는 것이 아니라 그 아이의 선택에 대해서 대화를 나눌 수 있어야 돼요. 들어주고 지지해주고 질문해주면 돼요. 그리고 잔소리를 안 하는 것이 중요해요. 여러분, 아이들이 제일 싫어하는 게 뭔지 아세요? 잔소리예요. 절대 효과가 없습니다. 그리고 무조건 사랑하는 것이 필요해요.

"예뻐하려야 예뻐할 수 있는 구석이 없다."라고 하시는 부모님들이 있는데 그건 자기 문제예요. 우선 자기가 좋은 부모가 되고 아이들이 뭔가를 찾을 때까지 기다려주는 마음이 있어야 돼요.

그리고 제일 중요한 것은 가족이 함께 지내는 시간을 가지는 것이에요. 자녀가 기댈 수 있다는 확신을 가지게 해야 돼요. 현재 아이가 학교를 안 다니더라도, 가출을 해도, 어떤 상황이라도 아이가 가장 힘들고 어려울 때 생각나고 기댈 수 있는 사람이 되어야 해요.

"모든 사람이 너를 믿지 않고 너에 대해서 뭐라고 해도 엄마는 항상 네 편이다."라고 해줄 수 있어야 하고 아이들에게 그런 확신을 줘야 돼요.

주변사람들이 실망하고 아이에게 상처를 준다 해도 엄마는 항상 아이 편이어야 돼요. 그리고 아이를 믿어야 돼요. 아이에 대한 확신이 있으면 아이들은 다 돌아오게 되어 있어요. 가장 어려움에 처했을 때 엄마는 내 곁에 있다는 사실을 아이가 신뢰할 수 있으면 아이는 스스로 성장해가게 되어 있어요. 사랑과 훈계의 조합이 잘 되어있는 건강한 부모가 아이의 역할모델이 되는 거예요.

문제아는 없고, 문제부모는 있다

가정교육의 핵심은 엄마 아빠 사이가 좋은 것입니다. 좋은 학원을 다니고 좋은 옷을 입힌다고 아이의 자존감이 생기는 것이 아닙니다. 가장 좋은 것은 엄마가 아빠를 존경하고 아빠가 엄마를 사랑하는 거예요. 그럴 처지가 전혀 아니더라도, 백 여 가지가 아니라 남편의 가장 좋은 점을 한 가지만이라도 정확하게 찾는 것입니다.

그리고 아내들은 그 한 가지만 집중해서 존경하면 됩니다. 그 한 가지에 초점을 맞춰서 '이런 점 때문에 당신을 사랑하고 존경해.'라고 자꾸 해줘야 돼요. 그런데 많은 아내들은, 남편에게 아홉 가지 장점이 있어도 한 가지 단점을 후벼 파요. 수시로 짜증내며 남편의 기를 죽여놔요.

상담을 하다보면, 정신적으로 문제 있는 아이들이 정말 많아요. 학교를 못 가거나 대인관계를 못하거나 하는 자녀들도 많아요. 그런데 그런 아이들의 히스토리를 살펴보면 누가 문제일까요? 아이가 문제일까요, 부모가 문제일까요? 완전히 부모가 문제입니다. 아이는 아무런 문제가 없어요.

여러분들이 자기 자녀에게 혹시라도 문제가 있다고 생각한다면, 그건 여러분의 착각이에요. 세상에 잠깐 문제 행동을 하는 아이는 있지만 문제아는 절대 없어요. 오직 문제 부모가 있을 뿐이에요. 성숙되지 못한 부모, 그래서 아이에게 상처를 주고 망쳤던 문제 부모가 있지, 아이에게 원래 문제가 있었던 경우는 단 한 명도 없어요. 여러분이 이것을 꼭 알아야 해요.

이제 아이뿐만 아니라 우리는 손자들도 키워야 되는 시대입니다. 알아야 하는 것은 이 시대는 인성이 좋은 아이가 성공한다는 거예요. 지금 좋은 대학을 나왔다고 성공하는 시대가 아니에요. 부모가 태어나서 자랐던 시대와는 완전히 달라요. 창의력 있고 인성이 좋은 아이가 성공하는 시대예요. 행복지수가 높은 아이가 성공해요.

그런 아이로 잘 키우려면, 핵심은 잘 키우려고 노력하지 말라는 거예요. 남편과 아내가 사이가 좋고 잘 지내면, 아이들은 그걸 보고 저절로 따라 해요. 종종 상담에서 엄마들이, "우리 아이들은 아빠를 너무 싫어해요."라며 아빠가 가족과 완전히 단절되어 원수가 되어 있다는 이야기를 하곤 합니다. 심지어는 아빠를 때리거나 칼로 찌르고 교도소에

가기도 합니다. 그러면 아이들이 왜 이렇게 되었을까요? 왜 이렇게 아이들이 아빠를 싫어할까요?

자녀들이 아빠를 싫어하고 아빠와 멀어지는 근본책임은 첫 번째로 엄마에게 있어요. 첫째가 엄마 책임이에요. 알다시피 아이들은 그냥 아빠를 좋아하거나 싫어하지 않습니다. 아이는 엄마 뱃속에서 열 달 동안 양수 속에서 자라고 사랑을 받으며 크지요. 그래서 엄마의 정서, 엄마의 감정, 엄마의 영양 등 모든 것을 약 90%정도 물려받습니다.

그 때문에 엄마와 아이는 무의식에서 심리적으로 일체가 되어 있습니다. 당연히 엄마가 생각한 대로 아이는 아빠를 의식합니다. 엄마가 아빠를 싫어하고 적개심을 가지면 아이가 그대로 그 정서를 물려받습니다. 대부분의 아이들은 특히 사춘기가 되면서 억압된 감정을 표면화시킵니다. 짜증내고 틱틱거리며 자주 화를 내게 되지요. 아이가 아빠를 정말로 싫어한다면, 먼저 엄마 책임이라고 스스로 생각해 보아야 합니다.

그런데 엄마가 아빠를 싫어하는 것은 누구 책임일까요? 사랑은 남편이 아내에게 먼저 주는 것이에요. 그런데 남편이 사랑을 주지 않고, 남편을 싫어하게 만들면, 그 아내의 정서를 아이가 그대로 이어받습니다. 엄마의 불안과 두려움과 불만을 그대로 복제하고 아이가 물려받습니다. 그런 엄마에게서 태어나고 자란 아이들은 불안과 두려움이 많습니다.

특히, 그런 아이들은 학교에 적응이 힘들고, 왕따 당하고, 학습이 부진하곤 합니다. 그러니 꾸중 듣고, 그래서 또 자존감이 낮아지고, 계속 경쟁력이 떨어지며 문제가 이어집니다.

우리는 알아야 합니다.

"이 세상에 문제의 자녀란 없다. 다만 문제의 부모가 있을 뿐."

자존심과 자존감, 어떻게 다를까?

아이들 자존감의 뿌리는 비교를 시작하면서 잘리기 시작합니다. 형제간이나 다른 아이들과 비교하면 아이의 자존감이 다 깎여버립니다. 인간 본연의 가치를 무시당하고 타인과의 비교에서 칼질당하면, 자존감은 훼손당하고 자기가 마치 잘못된 인간인 것처럼 느껴집니다. 자존감이 없어지는 거예요.

그래서 우리 부모들은 자녀에게 "너는 있는 그대로 사랑받을 만한, 충분한 가치가 있는 존재야."라는 인정을 가슴으로부터 해줘야 합니다. 즉 '나는 있는 그대로 소중한 존재야.'라는 자기긍지는 부모로부터 배우는 거예요. 얼굴이 예뻐서, 공부를 잘해서가 아니라 있는 그대로 사랑받을 만한 충분한 가치가 있다는 믿음입니다.

또 하나는 '나는 뭔가 도전하면 해낼 수 있는 사람이야.'라는 자기신뢰인데 본인의 노력과 성취경험이 쌓이면서 생기게 됩니다.

"너는 네가 어떤 것을 계획하고 목표를 세우면 이루어낼 수 있는 사람이야."라는 지지를 받고, 스스로가 "나는 이것을 해낼 수 있어."라는

자신에 대한 신뢰가 생기면서 자존감의 뿌리가 뻗어나갑니다.

그런데 그런 자기신뢰감을 쌓는 과정에서, 아이가 해내는 결과가 아니라 노력하는 과정을 자꾸 칭찬해줘야 합니다. 그런 부모가 건강한 부모입니다. 그러면 아이는 자기가 굉장히 소중하고 무언가를 이룰 수 있는 존재라고 더불어 느끼게 됩니다. 이 두 가지가 합쳐져서 자존감을 만듭니다.

다시 강조하지만, 자존심이 세서는 안 됩니다. 비교에서 나오는 자존심이 센 사람은 바꿔 말하면 열등감이 많은 사람이에요. 늘 타인하고 비교해서 자신의 가치평가를 하는 사람입니다. 자기를 사랑하고, 그렇기 때문에 타인도 소중한 존재로 배려하며 세상을 사랑하는 아이는, 자존심이 센 아이가 아니라 바로 자존감이 높은 아이입니다. 있는 그대로, 타인과 비교당할 필요가 없는 자기에 대한 신뢰와 애정이 자존감입니다. 그리고 작은 성취의 경험들이 쌓이면서 자신감이 생기게 되지요.

즉 자존감은 자기 가치감 플러스 자신감입니다.

자녀를 자주 안아주자

이번엔 스킨십의 중요성에 대해 알아보아요.

스킨십이 왜 중요한 일인지를 피부로 느끼지 않으면 아무리 기도하고 고생을 해도 여러분 삶이 또는 자녀들이 절대 바뀌지 않아요. 습관화되지 않으면 어렵다는 거예요.

13세기 시칠리아에 어떤 호기심이 많은 왕이 있었어요. 인간이 태어나서 언어를 습득해가는 것이 너무나 신기해서 실험을 하게 됐어요. 태어난 아이들을 따로따로 보호를 하면서 이 아이들에게 말을 걸거나 접촉을 하지 말라고 명령을 해요. 먹는 것과 자는 것과 입는 것, 이런 것은 충분히 배려를 하되 누구도 아이들을 만지거나 말을 걸지 못했어요.

이 왕은 외부에서 어떤 자극을 주지 않으면 인간이 처음 어떤 언어를 하게 될까 하는 것이 무척 궁금했던 거예요. 그 실험에 참가하는 아이들은 어떤 말을 처음으로 했을까요? 놀랍게도 단 한 명도 말을 할 수 없었어요. 그것은 너무 당연했어요. 중요한 것은 참가한 아이들 중에

단 한 명도 살아남지 못하고 다 죽었다는 거예요.

우리는 상식적으로 먹고 자고, 이런 기본적인 것만 채워주면 사람이 살아갈 수 있는 것이 아닐까 생각해요. 그런데 사람이 사람답게 생존하기 위해서 더 중요한 것은 접촉이에요. 피부에 대한 접촉, 언어에 대한 접촉, 눈빛에 대한 접촉. 이런 다양한 접촉이 없으면 인간은 인간으로서 생존을 할 수가 없어요. 그래서 스킨십은 인간이 생명을 유지하는데 제일 중요한 거예요.

스킨십에 대한 사례로, 범죄를 저질러서 소년원에 있는 소년들에게 성장하면서 하루에 몇 번 정도의 몸짓이나 언어 또는 눈빛의 터치를 부모로부터 받았었는지 조사했습니다. 제일 많이 받았다는 사람이 하루에 네 번, 그 나머지는 한 번도 없거나 안겨본 기억도 없다, 태어날 때부터 버림을 받았다는 결과가 나왔어요.

보통 사람이 살아오면서 하루에 몇 번 정도 터치를 받느냐면 평균 8회 터치받는다고 해요. 그렇다면 여러분들은 하루 8회 이상 아이들을 안아주거나 칭찬하거나 격려하거나 지지하거나 긍정적인 자극을 주고 있나요? 만일 아니라면, 아이가 여러분보다 더 행복감을 느끼며 살도록 키우고 있지 않다는 사실을 아셔야 돼요. 그게 조사에서 나온 결론

이에요.

그리고 세상을 의롭게 하고 사람들에게 이로움을 주고 훌륭한 삶을 사는 사람들도 같은 조사를 했어요. 이 사람들은 자기 부모한테 하루에 10회~12회 이상 터치를 받았다는 결과가 나왔어요. 긍정적인 언어나 자극, 안아주거나 머리를 묶어주거나, 지지해주거나 이런 일을 하루에 최소 12회 이상 받고 자랐다는 거예요.

아이들을 훌륭하게 키우고 싶고 잘되기를 바라는 것이 모든 부모의 마음이죠. 여러분들이 하루에 몇 번 정도 아이들을 안아주고 지지해주는지 한번 세어보세요. 아이가 많은 사람은 좀 바쁘겠죠. 아이가 5명 있다면 8회씩을 한다고 해도 하루에 40회는 해야 돼요. 한번 체크를 해보세요. 아이 이름을 써놓고 의식적으로 행동해보세요. 마음에서 우러나서 행동해야 된다고 생각하지만, 행동해서 마음이 바뀌기도 하는 거예요.

예를 들어 남편에게 별로 친절하게 하고 싶지 않아도 노력해서 일부러 친절한 말을 했을 때 친절한 감정이 들어요. 친절한 감정이 들 때까지 절대 친절하게 못 대한다고 하면 평생 기다려도 그런 마음이 생기지 않아요. 그런 것처럼 먼저 자신이 아이들을 안아주는 것이 중요해요.

저는 아이들에게 엄격하지만 딱 하나만큼 지키는 것이, 잘 안아주는 것이에요. 아침에 일어나면 제일 먼저 하는 일이 남편을 먼저 안아주고 아이들을 안아주는 거예요. 그게 첫 번째 인사예요. 30년 동안 늘 그렇게 해왔어요. 습관이 됐어요. 남편과 싸웠을 때는 기분 나빠서 안 하고 싶을 때도 있죠. 그래도 마음을 다스리고 하던 건 해줘요. 그러면 서운하고 안 좋았던 마음도 그 행동으로 인해 풀어져요. 그것은 우리 마음을 움직여서가 아니라 노력을 행동으로 함으로써 그렇게 돼요. 그것이 굉장히 중요해요. 그런 과정에서 마음의 갈등이나 서로 부딪친 것이 있더라도 빨리 해결돼요.

'허그'가 왜 중요하냐면 서로의 심장과 심장이 맞닿는 것으로 인해 자기 상처가 치유되기 때문이에요. 여러분들이 허그를 할 때 그 사람 마음의 색깔을 봐주세요. 그 사람을 잘 읽어낼 수가 있어요. 제가 여러분을 안아주면 이 사람이 어떤 사람인지, 기분상태가 어떤지, 그런 것도 다 느낄 수 있어요. 그렇게 돼야 해요.

여러분이 아이를 딱 한번 안아주면, 아이가 오늘 어떤 기분인지 읽어낼 수 있어야 돼요. 밥을 주는 것이 중요한 것이 아니라 엄마가 진정으로 사랑하는 것을 알게 하는 것이 중요한 거예요. 그 우선순위를 잘 알아야 돼요.

아이들은 부모에게 사랑을 받고 싶은 거예요. 부모님은 아이들한테 무조건 공부하라고 하는 것이 아니라 "공부하느라 힘들지, 피곤하지. 혹시 필요한 거 있니?"라고 하면서 아이에게 집중해줘야 돼요. 이렇게 해서 아이들의 마음에 귀 기울이는 것이 중요해요.

아이들은 따뜻한 접촉을 통해 사랑을 배워가요.

포옹의 효과

미국 정신신체학회는 '안아주면 건강해진다.'는 실험결과를 발표했어요. 미국 노스캐롤라이나대학 심리학 연구팀이 포옹과 건강의 상관관계를 규명하기 위해 부부 또는 연인 100쌍 가운데 50쌍에게 손을 잡은 채 재미있는 비디오를 보게 하고 비디오가 끝난 뒤 20초 동안 포옹을 하게 했습니다. 나머지 50쌍에게는 아무런 신체접촉 없이 비디오를 보게 했어요. 상영이 끝나고 참가자 모두에게 최근 받았던 스트레스를 2~3분 동안 이야기하도록 했어요.

그 결과 서로 접촉이 없었던 쌍은 접촉한 쌍에 비해 혈압, 심장박동이 두 배 이상 높았다고 해요. 스트레스를 받으면 늘어나는 코르티솔 호르몬 분비량도 많아집니다. 접촉이 몸을 편안하게 한다는 것이 과학적으로 입증됐지요. 영동세브란스병원 소아정신과 송동호 교수는 "어린아이에게 포옹, 마사지 등 신체접촉을 하면 호흡, 심장박동, 혈당처럼 사람의 의지로 제어할 수 없는 자율신경계가 안정된다."며 "성인도 비슷한 효과가 있을 것"이라고 말했지요.

유아를 대상으로 한 신체 접촉의 효과는 이미 입증되었습니다. 서울대병원 소아과 박준동 교수팀이 1997년 11월~1998년 8월 병원에 입원한 미숙아 30명 가운데 절반에게 10일 동안 하루 세 번씩 마사지를 했더니 체중이 285그램 늘고 신체 성장에 따라 늘어나는 스트레스 유발 호르몬인 노르에피네프린과 에피네프린이 줄었다고 발표했어요. 반면 마사지를 받지 않은 미숙아들은 10일간 체중이 251그램만 늘고 스트레스 호르몬도 줄지 않았다고 해요.

스킨십은 어린이의 두뇌 발달에도 기여한다는 것이 밝혀졌어요. 아이들은 안겨 있을 때 기분을 좋게 하고 기억력을 높이는 신경전달물질인 아드레날린과 세로토닌이 증가한다고 의사들은 말합니다. 자주 안겼던 아이들의 뇌에서는 나중에 안기지 않더라도 아드레날린과 세로토닌이 나오게 된다고 해요. '안아 주면 아이들 머리가 좋아진다.'는 말은 이런 의미에서 일리가 있습니다.

송 교수는 "약간의 술이나 달콤한 음식도 기억력을 높이는 역할을 한다."며 "포옹은 인간관계의 '초콜릿'이나 마찬가지"라고 말했어요.

'백 마디 말보다 소중한 단 한 번의 포옹.' 프리허그를 하는 사람들의 모임인 프리허그 코리아가 내세우는 슬로건이죠. 실제로 포옹은 말보다 더 광범위한 언어입니다. 말은 전달하는 의미가 하나에 불과하지만 포옹 등 비언어적 표현은 의미가 여러모로 확장되어 받는 사람이 원하는 의미까지 전달한다는 점에서 더 유용한 도구라고 할 수 있지요.

삼성서울병원 소아청소년정신과 정유숙 교수는 "아이가 무언가에 화가 나 비뚤어진 행동을 한다며 상담하러 오는 부모에게 '말로 가르치려 들지 말고 일단 안아주라.'고 충고한다."고 했어요. 상담현장에서 갈등이 많은 부부나 부모자녀관계가 상담 후 서로 안아주는 것만으로도 눈물을 흘리는 경우를 많이 보게 됩니다.

포옹은 마음을 읽는 언어요, 눈물은 상처가 녹는 증거지요. 저는 포옹을 특히 더 중요하게 생각하는 사람이에요. 그래서 가족을 비롯해 만나는 사람들을 자주 안아주고 그 따뜻한 교감을 너무 좋아해요. 10년을 눈인사만 하며 지낸 사람보다 단 한 번의 만남이지만 따뜻한 포옹을 나눴던 사람이 훨씬 마음 깊이 남는 경우가 많지요.

포옹을 하면, 첫째, 포옹은 숙면을 취하게 해줍니다. 둘째, 포옹은 혈압, 심장박동 등 자율신경계를 안정시키게 되지요. 셋째, 포옹은 포만감이 생겨 다이어트에도 도움이 됩니다. 넷째, 포옹은 유아들의 면역력을 증가시키지요. 다섯째, 포옹은 유아의 두뇌발달을 돕는다는 많은 연구결과들이 있습니다.

사랑은 결국 따뜻한 접촉이에요. 저는 포옹은 관계의 '호흡'이라고 말하고 싶어요. 그럼 효과적인 포옹의 방법에 대해 알아볼까요?

1. 서로의 눈을 마주 본다.
2. 충분히 6~7초 동안 깊게 안는다.
3. "사랑합니다, 힘내세요." 같은 말을 마음속으로 되뇌어 본다.
4. 안는 동안 따뜻한 촛불의 이미지 등을 상상해본다.
5. 귓속말로 "사랑합니다, 힘내세요."라고 말한다.
6. 마지막으로 눈을 보며 마무리한다.

여러분! 가족끼리, 가까운 사람끼리 서로 많이 안아 주세요.

자녀의 학습을 돌봐주며

아이와 함께 공부계획을 확인하고 평가할 때가 있어요. 그러면 반드시 잘 했던 것부터 물어보세요. "어차피 지키지도 못할 계획은 뭐하려고 세웠어!" 이렇게 하지 마세요. 아이들이 마음에 상처를 입어요.

아이가 "엄마, 이번은 계획을 전혀 지키지 못했어."라고 해도 "그래. 그렇게 생각하는구나. 그래도 그 중에서도 제일 잘 했다고 생각하는 것이 뭐야?"라고 항상 좋은 것을 먼저 말하세요.

그다음에 "그러면 네가 개선해야 할 것이 뭐야? 다음 주에는 뭐를 더 잘하고 싶어?"라고 묻는 거예요. 그리고 마지막에 "정말로 대견스럽다. 자기 자신을 평가하고 또 다음 계획을 세우려고 하는 모습이 훌륭하다. 그런 자세 자체가 너 자신을 성공시키는 거야."라고 격려해주세요.

이렇게 스스로 세운 계획을 또 스스로 체크하면서, '이 계획을 얼마나 잘 지켰는지'보다도 '이 계획으로 부모하고 어떤 대화를 나눴나.'에 의해 아이들의 자존감이 달라져요. 그리고 '정말로 엄마가 나를 사랑하

는구나. 믿어주시는구나.'라고 아이들은 이런 대화 속에서 느껴요.

그러니까 우선 "엄마가 오늘 이런 글을 봤는데 정말로 많이 반성했어. 정말로 좋은 부모가 되고 싶었는데 엄마도 처음으로 부모가 된 거잖아. 그래서 잘못하고 있던 것이 많이 있었어. 지금까지 상처를 준 것이 있었다면 정말로 미안해. 앞으로 정말로 잘 할게."라고 하면서 대화를 시작해주세요.

그리고 공부나 생활습관에 대한 체크를 함께해보세요. 아이들이 뭐라고 해도 그 대답을 항상 긍정적으로 받아들여 주세요.

또한 아이들의 개인 적성검사를 한 번 받아보는 것도 좋아요. 가끔 학원 같은 곳에서 무료로 해주는 경우도 있어요. 내 아이가 지금 어떤 상태인지, 어떤 것에 자신이 있고 어떤 것을 어려워하는지, 앞으로 어떻게 공부를 시켜야 하는지 방향을 알 수 있어요. 공부만이 아니라 인성교육, 예의범절, 봉사활동, 운동, 취미활동, 특기 등 다양한 분야에 적성을 찾고 발달할 수 있게 해주면 좋아요. 공부만 24시간 시키면 어떻게 돼요? 미치거나 죽어버려요. 여러 가지 분야를 발달시키면 건강하게 자랄 수가 있어요.

에빙하우스(Hermann Ebbinghaus)는 인간의 기억과 망각, 즉 잊어버리는 것에 대해 오랜 기간 연구한 독일 심리학자예요. 그에 따르면, 우리가 얼마나 금방 잊어버리는가 하면 10분 후부터 기억이 없어지기 시작한다고 해요. 20분이 지나면 42%를 잊어버리고, 1시간이 지나면 56%를 잊어버려요. 그래서 하루가 지나면 우리에게 남는 기억은 약 20%밖에 안 된다는 거예요. 그래서 아이들이 공부를 잘 하기 위해서는 이 기억을 어떻게 잘 유지시키느냐가 중요한 포인트예요.

우선 예습하는 방법을 가르쳐 주세요. 그냥 "예습해. 내일 예습은 다 했어 ?"라고 말로만 하는 것은 아이의 부담이 될 뿐이고 결국 하지 않죠. 집에서부터 하는 것이 가장 바람직하지만, 우선은 학교 수업시작 1, 2분 전에 교과서를 꺼내서 한 번 보게 하는 거예요. 그리고 모르는 단어가 있으면 색깔이 있는 펜으로 아래에 선을 긋게 하세요. 이것이 첫 단계의 예습이에요.

애들은 자신이 모르는 단어에 선을 그어뒀으니까 그 때부터 집중하게 돼요. 다른 친구는 선생님이 들어오고 나서 교과서를 꺼내고 있는데, 자기는 한 번 그 내용을 이미 봤으니까 수업에 대해서 관심을 가지게 되는 거죠. 그리고 선생님이 수업에서 "여기가 중요하다. 이 부분은 시험에 나온다."라고 알려주는 부분에도 다른 색으로 선을 긋게 하세요. 이것이 또 첫 번째 복습이에요.

두 번째는 노트에 예습하는 칸과 복습하는 칸과 필기를 하는 칸이 있는데요. 예습 칸에는 수업을 들어도 모르는 단어를 적게 하세요. 수업을 듣고 알게 됐다면 적을 필요가 없어요. 그래서 노트와 교과서를 집에 가지고 오게 하는 것이 좋아요. 한 번 들었는데도 모르는 것은 옮겨 쓰게 할 필요가 있는데, 그런데도 모르겠으면 사전이나 참고서를 보고 찾게 해야 돼요. 또 복습 칸에는 선생님이 중요하다고 한 부분의 키워드를 적는 거예요. 이것으로 일단 예습 복습은 끝난 거예요.

마인드메모 공부법

공부를 잘하는 아이들의 공통점이 마인드메모를 잘하는 거예요. 마인드메모란 마음대로 나뭇가지를 그리고 거기에 줄거리나 그 내용을 적어서 만들어요. 예를 들어 '조선시대'가 주제라면, 조선시대의 중요한 내용들을 자기 마음대로 가지를 만들면서 그 내용을 한 눈에 보고 알 수 있도록 그림으로 그리는 거예요. 이것이 바로 아이들이 공부 잘 하는 이유였어요. 제일 입학이 힘들다는 대학에 들어간 아이들을 조사해 봤더니 그들은 누구한테 배운 것이 아니었지만 자기 자신이 그렇게 하고 있었어요.

1주일 동안 예습 복습해왔던 내용을 가지고 마인드메모를 아이들과 함께해보시면 돼요. 어떤 아이는 아주 흥미를 가지고 했어요. 초등학교 5학년이고 시험점수는 많이 받으면 80점, 안 그러면 70점 정도 받는 아이였어요. 마인드메모를 2, 3달 정도 하고 시험을 봤는데 점수가 완전히 다르게 나왔어요. 100점도 받았고 8과목 중 7과목은 1등을 했어요. 엄마가 알려준 마인드메모 공부 방법을 그대로 하니 그렇게 달라졌어요.

그러니까 공부를 잘한다거나 못한다는 것은 전혀 없어요. 공부 방법을 모르는 것뿐이에요. 또 적절한 계획을 세워야 돼요. 정확히 양과 시간을 정해요. 예를 들어 수학인 경우 '오늘은 수학을 한다.' 이런 식으로 정하면 안 되고 '수학 학습지를 몇 쪽부터 몇 쪽까지 하겠다.' 이렇게 정확하게 정해서 계획표에 적어야 해요.

공부를 잘하는 아이, 못하는 아이의 차이점은 공부를 시작하는 시기가 달라요. 공부를 잘하는 아이는 '공부해야지.'라고 생각하면 바로 시작하는데, 공부 못하는 아이는 책상 정리하거나 연필 깎거나 해서 바로 시작하지 않아요. 그러다가 한 시간 후에 보면 결국 아무것도 하지 않았어요. 이런 차이점에 대해서도 아이들과 이야기를 나눠주면 좋아요.

그리고 아이들 전용으로 시간을 알려주는 시계를 하나 준비해주면 좋아요. 아이들도 재미있게 공부할 수 있도록 엄마와 같이 시간을 정해요. 초등학교 저학년들은 15분 단위로 하면 좋아요. 오랫동안 하면 힘들어요. 처음은 15분 단위로 공부하고 쉬고, 이런 식으로 해요. 그다음에는 30분 공부하고 15분 쉬고, 그렇게 하면 좋아요. 그리고 그 날에 공부할 책들을 책상 위에다 꺼내서 왼쪽에 쌓아놓아요. 다 하면 그 책을 오른쪽에 옮겨놓아요. 그러면 '이렇게 많이 했구나.'라고 아이 자신이 뿌듯하게 느낄 수 있어요.

공부는, 복습보다 예습이 굉장히 중요해요. 예습을 해야 선생님의 말씀을 이해할 수 있고 학습의 집중력이 높아져요. 그래서 꼭 예습을 해야 돼요. 어려운 것이 아니라 예전에 말한 것처럼 교과서를 한번 훑어봐서 중요한 부분에 줄을 치는 거예요. 그리고 제일 좋은 복습으로는, 쉬는 시간에 2~3분 정도 수업에서 배운 내용을 다시 한 번 쭉 훑어보는 것이에요. 이렇게 하면 기억이 엄청나게 좋아져요. '에빙하우스의 망각 곡선' 이야기처럼, 왜 복습을 해야 되는지 아이들한테 다시 이야기해줘야 해요.

우선 줄을 쳐서 예습을 시키고 적응이 되면 기억에 관한 이야기를 해줘요. 집에 와서 복습하는 것도 굉장히 중요하지만, 집에 오기 전에 학교 수업이 바로 끝났을 때 하면 기억력이 엄청나게 향상돼요. 그래서 그 때 다시 한 번 바로 보는 것이 굉장히 중요하다고 이야기를 해줘요. 그리고 자세히 한 번 읽는 것보다 계속 여러 번 읽는 것이 훨씬 기억에 남고 효과적이라고 가르쳐 주세요.

A B C D E F G
1 2 3 4 5 6

시험 준비는 어떻게 하느냐 알려드릴게요. 시험 공부할 때 아이들은 대개 너무 앞부분만 공부해요. 예를 들어 3과에서 5과까지가 시험 범위라고 하면 항상 3과만 공부하고 끝나요. 그러다가 시험 보면 3과 이외에는 다 틀려요. 반드시 거꾸로 뒷부분부터 해요. 아이들 심리가 앞부터 하게 되어있기 때문에 뒤부터 하게 하면 고루고루 시험공부를 하게 돼요. 그것이 전략이에요.

또 영어와 수학은 수업을 빼먹으면 절대로 성적 향상이 안 돼요. 그래서 반드시 학습결손을 보충해야 돼요. 그 방법으로써, 아이들의 기초학력 테스트를 해야 돼요. 그것을 정확하게 진단을 해야만 아이가 어디부터 시작해야 할지 알아요. 중3이라고 해서 중3 코스를 아무리 많이 시켜도 아이의 수준이 거기에 도달해 있지 않으면 안 된다는 거예요.

아이를 정확하게 진단검사 해보고, 만약 초등학교 3학년 수준이라고 나왔다고 해요. 그 때는 초등학교 3학년 수준으로 내려가서 수업내용을 다시 해야 되는 거예요. 이 때 문제를 5분을 넘어서 풀면 안 돼요. 만약에 5분 이상 지났다고 하면 그 문제를 계속 다시 풀어요. 그렇게 해서 그 문제를 5분 안에 끝낼 수 있게 해요. 그러면 인식을 하고 이해를 한 거예요. 그래서 그 다음날부터는 4, 5, 6학년으로 올라가면 돼요.

딸을 휘감는 에스트로겐

딸들은 사춘기에 에스트로겐과 프로게스테론이라는 두 가지 호르몬이 나와요. 이것이 아름다움, 특히 외모에 관심을 갖게 되는 중요한 이유예요. 우리 아이가 정신적으로 이상이 있어서가 아니에요. 자꾸 변덕이 많아지고 아침저녁으로 감정이 변해요. 이것도 호르몬 때문이에요.

여자아이들은 상대방의 목소리에 실려 있는 감정을 읽어내는 능력이 남자보다 훨씬 탁월해요. 엄마의 목소리 억양에 따라서 엄마의 심정도 빨리 알아내는 능력이 있어요. 남자아이들은 잘 몰라요.

이 시기에는 사고가 굉장히 비판적이고 날카로워지고 감정적으로 더 예민해지고 스트레스에 민감한 반응을 보이죠? 특히 생리 시작하기 전 2주 동안이 힘들어요. 생리를 시작해서 2주간 정도는 에스트로겐이 높기 때문에 사람이 친절해요. 일반적으로 사회적 관계도 원만하고 기억력도 좋아요.

2주가 지나서 3주째부터 문제가 생겨요. 이 때 프로게스테론이라는 호르몬이 나와서 짜증스러운 날들이 시작돼요. 그리고 마지막 주 생

리하기 전에는 프로게스테론이 낮아지면서 엄청난 스트레스가 몰려와요. 생리 전에 몸이 무거워지고 자기도 모르게 짜증이 나고 갑자기 화나고 그래요. 그것이 호르몬의 장난이에요.

이때 여성들의 20~40%정도는 PMS(월경 전 증후군)을 겪고 우울하고 공격적이고 부정적인 행동을 해요. 그리고 10%정도는 극단적인 감정 표현을 해요. 생리기간 중에 물건을 훔치는 여자들도 있어요. 이것을 PMDD(월경 전 불쾌장애 증후군)이라고 해요. 프랑스나 영국에서는 이것을 일시적인 정신장애로 인정하고 있어요. 그래서 생리전의 PMDD 때문에 일시적으로 도벽행위를 하면 정신장애를 인정해서 법적으로 가벼운 처벌을 해요. 호르몬 때문에 일어난 극단적인 반응이라고 보기 때문이에요. 우리 딸들 중에도 이런 아이들이 있다는 거예요. 그런 아이가 아니더라도 약 40%는 월경 전 증후군으로 굉장히 많은 스트레스를 받고 짜증나고 힘들다는 거예요. 이건 아빠도 잘 알고 있어야 해요.

대부분의 여자들은 언어중추가 남자들보다 커요. 그래서 여자가 표현력도 많고 말싸움 같은 것도 훨씬 잘 해요. 다문화 외국 여성들이더라도 남자들과 싸우면 이길 수가 있어요. 남자들은 소리를 지르지만 조목조목 따지는 것은 여자들이 훨씬 잘해요.

언어는 공동체에서의 관계를 더욱 단단하게 해주는 접착제 역할도 하고 있어요. 그래서 여자아이들은 친밀한 관계를 위해 또래 여자 친구들과 비밀을 공유하고 싶어 하죠. 그래서 끝없이 전화하고 수다 떨고 요즘에는 문자를 해요. 내용이 별로 없는 문자를 계속 하는 거예요. 그것이 이 사춘기 시기의 아이에게는 매우 중요해요.

친구와의 관계가 서로 결합이 되어 있고 잘 있다는 느낌이 들면 아이들한테 호르몬이 나와요. 그것이 편안하게 해주고 기쁘게 해주는 효과를 가지고 있어요. 그러니까 아이들은 전화나 문자 수다에 목을 매는 거예요. 그런데 그것을 전혀 못하게 하면 절대로 안 되죠.

아이들이 그랬을 경우에는 "좋은 친구가 있나보구나."라고 해서 서로 이야기를 하고 그 친구에 대한 정보를 알아야 돼요. 그 친구에 어떤 좋은 점이 있는지, 부모님이나 가족관계가 어떻게 되어있는지 그런 정보를 알고 있어야 돼요.

여자들은 어휘력이 남자의 2, 3배 이상 되고 말 속도도 훨씬 빨라요. 물론 안 그런 사람도 있죠. 여자의 자아 소통력이 어디서 오냐면 타인과의 밀접한 관계를 유지할 수 있는 능력에서 나와요. 여자는 왜 대화가 필요하고, 왜 상담실에 여자들만 많이 오고 남자들은 잘 안 오는가의 비밀이 여기에 있는 거예요.

여자는 사람들과 관계를 잘 맺고 있는 데에서 자기 자신이 굉장히 소중한 존재라는 것을 인식해요. 그런데 다른 사람들이 나를 싫어하는 것 같다고 느끼면 굉장히 자신감이 떨어져요. 특히 사춘기 소녀들은 더 심각해요. 여자들의 스트레스 해결책은 사회적인 유대감이에요. 다른 사람과 이야기를 나누는 데에서 그 유대감을 느껴요. 그게 여자들 뇌의 특징이에요. 그리고 여자들이 가장 잘 하는 배려와 친절, 이것은 지능적인 전략이에요. 원숭이도 부모에게 사랑받고 자라면 생존율이 높은데 사람은 어떻겠어요.

십대 소녀에게 또 하나 중요한 것이 뭐냐면 남자 친구에게 대한 관심이죠. 이것이 자기 생존만큼 중요해요. 남자 친구와 사귀고 싶고 사랑받고 싶은 이유가 자기가 살아가는 이유만큼 중요하다고 생각하는 시기가 사춘기예요. 혹시 아이한테 남자 친구, 여자 친구가 있는 것을 알았을 때 여러분들이 놀라서 난리를 치는 것이 아니라, 그것이 아이들한테는 정상적인 시기라고 생각하고 인정해주세요. 그리고 그 상대에 대해 여러 가지 물어보면서 이야기를 하세요. 아이들이 건전하게 사귀면서도 도덕적 가치관을 잃지 않도록 교육하면, 아이가 잠시 옆으로 나간다고 해도 돌아와요. 걱정 안 해도 돼요.

중요한 건 여러분 자신이 불안하기 때문에 아이들을 믿지 못한다는 거예요. 그래서 아이들을 어떻게 해야 할지를 걱정하지 말고 여러분 자신의 마음을 들여다봐야 돼요. 내 마음의 상태가 어떤지, 내가 뭘 불안해하고 걱정하고 있는지를 살펴봐요. 아이들은 잘 커요. 걱정하지 마세요.

우리 딸도 "엄마, 우리가 잘 큰 것은 엄마가 우리를 내버려뒀기 때문이에요. 다른 엄마들처럼 학원에 가라거나, 싫은 걸 하라고 하지 않고 우리를 믿어주고 기다려줬기 때문이에요."라고 했어요. 걱정하지 말고 아이들을 믿으세요. 오히려 훨씬 더 잘 자라고 힘 있게 살아가는 아이들이에요. 자신만 걱정하세요. 아이들은 잘 크게 되어 있어요.

아들을 움직이는 테스토스테론

이제 남자아이들의 뇌가 어떻게 되어 있는지 볼까요. 우선 사춘기가 되면 남자아이들은 갑자기 말수가 적어져요. 그런데 그게 멋있어 보이려고 말을 안 하는 것이 아니라 정말로 말을 잘 안 하게 변합니다. 이것도 호르몬의 장난들이에요. 남자아이들은 테스토스테론이라는 남성호르몬 주입이 시작되는데, 청소년이 되면 이 호르몬이 20배 이상 증가하면서 급속도로 높아지게 돼요. 이 호르몬은 공격성 호르몬이기도 해요. 그러면 아이가 얼마나 자기 컨트롤하기가 힘들어지고 자기 마음을 이기는 것이 어려워지는지 몰라요.

테스토스테론이라는 호르몬은, 사회에 대한 관심에서 멀어지게 만드는 대신에 성적인 호기심과 신체 부위에 대한 관심을 굉장히 높게 가지게 해요. 내 아이가 이상한 아이라서가 아니라 이 호르몬 때문에 그래요. 그래서 아이들이 성적 친밀성을 추구하는 거예요. 여자 친구를 만나서 어떻게 같이 자볼까? 이런 오만가지 공상을 다 해요.

그런데 여자아이들은 그것보다는 언어의 친밀성을 더 추구하죠. 그

래서 남자 친구를 사귀게 되면 예쁘다고 해주고 사랑한다고 해주기를 바라는데 남자애들은 주로 접촉하는 것에 더 집중하죠. 이게 다 테스토

스테론이란 호르몬 때문에 그런 거예요.

그리고 남자의 자아존중감은 독립성을 유지할 수 있는 능력에서 나와요. 자신이 얼마나 능률적으로 스스로를 컨트롤하고 의지할 수 있느냐에 따라서 자아존중감이 변해요. 이것은 청소년뿐만이 아니라 남편들도 똑같아요.

그래서 남편들이 경제적으로 무능력하거나, 일이 제대로 안 되면 자존감이 완전히 곤두박질치는 거예요. 남자들은 일이 잘되고 돈도 잘 벌어야 되는데, 우선 자존감을 세워줘야 그 다음에 뭔가 기본적인 생각이 떠오른다는 거예요. 그 전에는 생각을 못해요. 왜냐하면 남성 호르몬으로 뇌 자체가 그렇게 되어 있기 때문이에요.

남자들은 물리적인 공격성을 드러내서 싸우거나 또는 피해버려요. 부부싸움을 할 때도 집어던지거나 문을 닫고 나가버리거나 하죠. 그것도 남자들 뇌의 작용 때문에 그래요.

또 남자아이들은 늦게 자고 늦게 일어나요. 보통 여자아이들보다 1시간 정도를 늦게 자고 늦게 일어나요. 여러분들은 아이들이 게임을 하고 안 자면 뭐라고 하죠? 그게 뭐라 할 것만이 아니라 뇌의 시계가 달라서 그런 거예요. 그래서 약 2시간 정도가 차이가 나요. 늦게 잔다고 아이들을 혼내도 소용이 없어요. 남자아이들이 만 11~12세, 중학생 정도로 들어가면 밤에 잠을 잘 안 자게 되고 늦게 자게 돼요. 그런데 뇌에서 요구하는 수면시간은 최소한 10시간이에요. 그러니까 애들이 매일 피곤한 거예요.

하지만 엄마들은 잘 이해를 못하고 아이의 나쁜 습관이라고 화를 내요. "맨날 늦게 자니까 아침에 늦게 일어나고 지각하잖아. 빨리 안 자니까 피곤해서 수업시간에 졸잖아."라고 잔소리를 하죠. 하지만 그렇지 않다는 거예요. 사춘기에는 뇌에 변화가 와서 수면리듬이 딜레이가 된다는 것을 알아야 돼요. 그리고 아이들에게 그것을 설명해주세요.

"잠이 안 오지만 내일 학교에 가야 하니까 습관적으로 잠을 자게 해보자." 이런 식으로 말해야 돼요. 계속 구박만 하면 아이들은 절대로 듣지 않아요.

그리고 남자들은 사춘기가 오면 잔인해져요. 동생들을 사정없이 패버리고, 벽을 때리고 책상을 부숴버리고 이러거든요. 그게 왜 그러냐면 뇌에 쾌락중추가 있는데 그게 큰 어른이나 작은 아이들에 비하면 거의 마비수준에 가까워요. 그래서 사람을 죽이고 하는 게임에 열광을 하는 거예요. 웬만한 자극에는 반응을 안 보여요.

어른들이 TV를 보면서 무서워하고 징그러워하고 가슴 아파하는 그런 것을 봐도, 그게 뭐가 대수냐고 하는 식이에요. 엄마한테 굉장히 충격적인 것도 아이들한테는 아무렇지 않아요. 그건 내 아이가 이상한 것이 아니라 뇌에 쾌락중추가 마비수준으로 되어 있어서 판단이 잘 되지가 않아요. 그래서 공포나 충격적인 것을 많이 좋아하는 거예요. 아니면 지루한 거예요. 그리고 호르몬 때문에도 그래요. 호르몬이 남자의 공격성, 독립성에 많은 영향을 주고 자기가 최고라고 생각하게 해요.

또 남자아이들은 굉장히 충동적이죠. 편도에 감정중추라는 게 있는데 사춘기 아이들의 감정은 예민해져 있어요. 그래서 화를 자주 내고, 감정을 잘 표현하잖아요. 그런데 중요한 것은 사고하고 판단하는 브레이크 역할기능은 발달이 덜 됐어요. 그래서 액셀만을 계속 밟는 자동차와 같아요. 앞에 장애물이 나타나면 천천히 가거나 브레이크를 잡아야 되는데 그게 약해요. 25살이 될 때까지 발달이 덜 되어 계속 사고만 내고 다니는 거예요.

아이들이 그냥 성질나서 그런 것이 아니라, 뇌의 변화와 호르몬의 변화, 그리고 감정을 조절하는 기능이 아직 발달이 미숙하기 때문에 그런 거예요.

부모는 보석세공사가 아니다

청소년기 아이를 가진 부모들은 아이에 대한 고민이 많죠. 우선 청소년의 특징을 알아야 돼요.

청소년들은 고차원이고 높은 지적 세계를 희망해요. 풍부한 미래상을 그리며 양적 질적으로 동시에 발달하는 것을 추구해요. 또 시대상에 영향 받기 쉬워서 아이돌을 따라하고 유행어 등을 많이 사용하죠. 그리고 자기중심성과 독선주의로, 굉장히 이기적으로 되어요. 정신상의 변화와 혼란으로 인해 자아를 제대로 확립하지 못하며 자신과 사회에 대해 회의적이고 부정적인 감정을 갖기 쉬워요. 이것이 청소년의 일반적인 특성이에요.

중요한 것이 자아중심성인데 청소년은 자기가 중요해요. 부모나 주위 사람이 아니라 자기 자신이 중요한 거예요. 그들은 '모든 세상 사람들이 자기를 보고 있고, 자기에 관심이 있다.'고 착각한다는 거예요.

다음은 자기 신앙으로, 자기는 신적인 존재라는 생각을 해요. 예를 들어 오토바이를 타고 돌아다녀서 옆 친구가 죽어도 '나는 괜찮을 거다.'라는 자기 신앙을 가지고 있어요. '나는 신적인 존재이기 때문에 위험한 성관계를 맺어도 임신되지 않을 것이다.' 그런 착각을 가진 것이 청소년의 시기예요. 굉장히 위험한 시기에 있다는 거죠.

그러면서 자기 존재에 대한 고민이 많아요. '나는 누구일까?', '앞으로 무엇을 할 수 있을까?', '내 앞에 인생의 희망은 뭐가 있을까?', '어떤 직업을 가져야 될까?'라고 끊임없이 고민하고 생각하는 것이 청소년 시기예요. 부모가 볼 때 아무 생각 없이 사는 것 같지만 그렇지 않아요. 그들 자신은 엄청난 고민을 하고 있는 시기예요.

한국말에 '부모를 팔아 친구를 산다.'라는 말이 있어요. 그 말은 바로 청소년을 두고 한 말이에요. 그만큼 청소년기에는 친구가 부모보다 중요한 시기예요. '친구들에게 따돌림을 당하면 자기 인생이 끝난다.'고 생각해요. 그 정도의 슬픔과 충격과 아픔이 돼요. 그래서 아이들은 친구가 하는 것을 따라하고, 친구가 가지고 있는 것을 같이 사고, 친구가 가출하면 같이 가출도 해요. 또래집단의 영향을 많이 받아 동조의 행동을 할 때가 바로 청소년 시기이기 때문이에요.

그리고 부모와의 관계는 어때요? 점점 부모의 잔소리가 싫어지고 독립하고 싶어지면서도, 한편으로 부모한테 의지하고 의존하고 싶은

두 가지 감정이 같이 있는 시기가 바로 청소년 시기예요.

어떤 교육을 하면 아이들에게 도움이 될까를 제 딸에게 물어봤더니 "엄마, 제발 엄마들에게 '아이들을 있는 그대로 믿고 놓아주라고 하세요. 그러면 아이들은 스스로 잘 성장해요. '제발 착각하지 말아주세요.' 라고 하세요. 부모는 아이들의 보석세공사가 아니에요."라고 했어요.

저는 그 말을 듣고 굉장히 놀랐어요. 아이들은 자기만의 색깔을 가지는 보석인데 부모들이 착각한다는 거예요. 그게 뭐냐면 부모들이 그 보석을 세공하는 세공사라고 스스로 생각하고 있다는 거예요. 그것 때문에 보석을 갈고 닦아야 되고 그래야 빛이 난다는 거예요. 그런데 정작 그 보석을 세공하는 사람은 부모가 아니라 아이들 자신이라는 거예요.

모든 아이들은 보석인데, 부모들은 자기가 세공사라고 착각하고 있어요. 그래서 잔소리하거나 어떻게 해야 된다는 등으로 부모가 원하는 방향으로 아이들을 만들어가려고 해요. 그런데 아이들을 믿어주고 기다려주고 사랑으로 대하면, 아이들은 스스로 자기 보석을 세공해 자신을 빛나게 할 수 있다는 거예요.

한편, 다문화가정의 경우 부모 한쪽은 외국인이어서 우울해지는 사람이 많아요. 내 모국어로 생활을 못하다 보니, 배우자와 아이들과의 관계에 있어서 깊은 심정을 말로 다 표현하기가 어려워요. 그러니까 자존감이 많이 약해지고 그런 것 때문에 우울함을 얻게 되는 경우가 많아요.

부모가 우울증이 있으면 아이들도 우울증 가능성이 높아져요. 자기 자녀들이 제일 영향을 많이 받아요. 특히 예민한 사춘기 자녀인 경우, 여러 가지 문제가 생겨요. 그래서 여러분들이 우울하거나 힘들다고 하면 상담실을 찾거나 병원을 찾거나 뭔가 나를 지지해줄 수 있는 사람을 찾는 등 빨리 조치를 취해야 돼요.

저마다 소중한 꽃들

아이들은 각자 특별한 꽃씨를 가지고 있어요. 여러분은 부모로서 그걸 알려줘야 돼요.

"네가 어떤 존재인지 네 스스로 알아야 한단다. 너는 다른 사람들과 비교대상이 아니라 너만의 특별하고 귀한 꽃씨를 안에 품고 있단다. 네가 어떤 꽃을 피울지는 아무도 몰라. 중요한 것은 네가 그런 귀한 꽃을 가지고 있는 아주 소중한 존재라는 것을 잊지 않아야 된다는 거야. 그런 존재인 자신을 네 스스로 인식하고 믿는 것이 가장 중요하단다." 이렇게 이야기를 해줘야 해요.

꽃들은 어때요? 어떤 꽃은 여름에 피고, 어떤 꽃은 가을에 피고, 겨울에 피는 꽃도 있고 다 다르잖아요. 모두 피는 시기도 모양도 색깔도 향기도 달라요. 그런 것처럼 우리 아이들도 각자 꽃 피는 시기가 다르다는 거예요.

그런데 부모들이 이것에 대한 믿음이 없으면 어때요? 옆집에 꽃이 피면 우리 집의 꽃은 왜 안 피는 건가 불안해해요. 여러분이 잔소리하

고 화내고 닦달하고 아직 그곳에 머무르고 있는 꽃대를 억지로 뽑아내면 그 꽃은 어떻게 될까요? 아이들은 어때요? 내 꽃이 어떤 꽃인지 알지도 못하는 상황에서 잎을 뜯기게 되는 거예요. 그런 꽃은 어때요? 피기도 전에 이미 자기 존재가치가 사라지게 되는 거예요.

여러분은 항상 믿어줘야 돼요. "네가 어떤 꽃을 피울지 엄마는 너무 기대가 된다. 다른 아이들이 조금 앞서간다고 불안해할 필요가 없어. 인생은 마라톤과 같은 거란다. 중요한 것은 언젠가 꽃 피게 될 자신을 준비하면서 네 스스로가 자신을 믿는 거란다. 그걸 누가 인정하든 안 하든 너는 원래 태어날 때부터 완전체인 거야. 너뿐만이 아니라 모든 사람들이 다 완전체인데 다만 우리가 자신을 모르고 있을 뿐이야." 이런 대화를 많이 해줘야 돼요.

지금 학교에서 아이의 성적이 안 좋다고 해서 열 받지 말아요. 그럴 필요도 없고 이유도 없어요. 그 성적이 아이의 가치가 아니에요. 내 아이가 누구하고 비교되거나, 그 성적으로 평가되거나 그래야 될 존재가 아니라는 거예요.

그럼에도 엄마들이 불안해해요. 성적이 떨어지면 불안해하고 선생님에게 전화가 오면 불안해하고 어떻게 해야 할지 몰라요. 그러면 아이들한테 그 엄마의 불안한 마음을 이야기하면 되잖아요. 혼내는 것이 아니라 "엄마가 선생님에게 오늘 전화를 받았는데 혹시 무슨 일 있었니? 엄마에게 이야기 좀 해줄 수 있어?"

이렇게 엄마가 걱정이 되는 것을 아이한테 그대로 이야기하면 돼요. 그러면 아이들이 절대로 상처받지 않아요. 그런데 여러분은 어때요? 혼내시죠? "엄마가 말했지! 넌 맨날 숙제 안 한다고 전화 왔잖아. 빨리 가서 숙제해!", "너 어떻게 하는 거야! 아빠한테 이른다. 너 혼나야 되지!" 이러면 아이들이 상처를 받아요. 아이들이 갈 곳이 없어요. 숨 쉴 곳이 없어요.

지금 자녀들이 얼마나 많은 고민을 가지고 있는지 몰라요. 아이의 왕따 문제, 가출 문제 등으로 매일매일 상담전화가 옵니다. 아이들 스스로가 누가 '나'를 어떻게 평가하든지 자기 자신의 존재에 대해서 귀하게 생각하고 '나는 괜찮은 사람이다.'라고 스스로를 인정할 수 있는 힘이 있어야 해요. 그런데 아이들에게 그런 인식이 너무너무 약한 거예요.

매일 비난받고 비교만 당했지 내가 괜찮은 사람이라는 확신이 없어요. 자신감이 없는 거예요. 그러니까 다른 아이들하고 어울리지 못하고 학교에도 안 가려고 하는 거예요.

학교에 안 가도 괜찮아요. 여러분이 정말로 아이에게 고마워하고 괜찮은 부모라면 아이가 학교를 가고 안 가고는 중요하지 않아요. 학교를 안 가는 이유에 대해서 아이하고 잘 대화를 해야 해요. 학교가 아닌 다른 경로를 통해 공부하고 싶다거나 그런 의사소통을 하고, 그것을 그 아이의 한 삶의 방식으로서 부모가 인정하고 수용하면 돼요. 우리가 모두 다 똑같은 길을 갈 필요는 없어요.

그런데 우리는 일반적으로 다 똑같은 길을 가야 된다는 신념을 갖고 있어요. 그 때문에 거기에서 내 아이가 벗어나면 부모가 너무 불안해서 가만히 있을 수가 없어요. 내 아이가 지금 학교에서 어떤 고민과 고통을 받고 있는지도 모르고 무조건 학교만 보내려고 하는 거예요.

특히 아들에 대해서는 아빠들이 화를 내면서 "남자는 강해야지, 학교도 안 가다니!" 하면서 난리를 치는 경우가 많아요. 딸들도 그렇지만 대부분의 아들들이 학교에 나가려 하지 않는 것은 왕따문제일 가능성이 커요. 아이들이 또래 관계에서 왕따를 당하고 있다는 것은 사회적으로 죽은 것이나 다름이 없어요. 그럴 때 여러분이 부모로서 어떻게 문제해결을 해야 할지, 부모가 어떻게 아이를 도와줘야 하는지, 그 아이가 지금 어떤 상황인지 직시하셔야 됩니다.

아이들이 자신만의 꽃을 피우기 위해서는 자신에 대한 신뢰가 있어야 해요. 그 신뢰는 부모로부터 존재로서의 무조건적인 사랑과 존중을 받을 때 생기게 되는 거예요.

부모를 바라보며, 아이는 자란다

사랑의 법칙은 원래 남편이 아내에게 사랑을 먼저 주는 거예요. 아내를 소중히 여기고 사랑을 많이 표현할 때 아내는 안정감을 갖고, 남편에 대한 신뢰와 사랑을 느끼게 됩니다. 그러면 편안하고 긍정적인 정서가 뱃속의 태아에게 전해져 좋은 아이가 나오게 되지요.

엄마가 아빠를 사랑하고 존중하며 행복해하면 아이가 잘 자랄 수밖에 없습니다. 그것은 진리예요. 그런 걸 모르니까 아빠는 아빠대로 애쓰고, 엄마는 엄마대로 애쓰지만 아이는 정서불안이 됩니다. 이러면 자녀교육이 안 되는 거예요.

다시 말씀드리지만 정확히 사랑은, 남편이 아내에게 먼저 주는 것입니다. 그러면 아내는 남편을 존경하며 안정적으로 자녀를 양육하고, 그 사랑을 남편에게 되돌려주는 것입니다. 아이들은 엄마 아빠 사이가 좋으면, 젖만 주고 놔둬도 저절로 잘 자랍니다. 아무 문제없어요.

그런데 우리는 거꾸로 됐어요. 아이들 교육 잘 시킨다고 그것 때문에 부부가 싸워요. 외적인 것에 신경 쓰며 영혼을 팔면서 다 망치는 거예요.

뿌리가 튼튼해야 좋은 열매가 열립니다. 아이들은 부모의 말을 듣고 성장하는 것이 아니라, 부모의 뒷모습을 그대로 밟아옵니다. 제가 결혼했을 때 아직 대학 졸업을 하지 않고 아이를 낳게 됐어요. 그때 딸이 6개월 때인데 하루는 남편이 제게 묻더라고요. 대학 졸업은 하지 않을 거냐고. 저는 그 당시 결혼도 했고 아이도 낳았는데 구태여 또 대학을 졸업해야 하나 하는 게 솔직한 마음이었어요. 그래서 꼭 대학을 졸업해야 되냐고 했더니 남편 왈, "대학 졸업은 해도 안 해도 괜찮다. 그것은 당신의 선택이다. 그런데 우리는 이제 부모가 됐다. 아이들이 순탄하게 잘 자라면 더 없이 좋겠지만 혹시라도 아이들이 성장하면서 학교를 그만두고 싶다고 하면 엄마로서 그때는 어떻게 설득할 거냐?"고 묻는 거예요.

아이가 이제 6개월이고 저는 그런 것을 상상도 해본 적이 없었거든요. 그러면서 남편이 내게 한 중요한 한마디가 있었어요. "자녀들은 부모가 하는 말을 듣고 성장하는 것이 아니라 부모의 뒷모습을 보고 자란다."는 말이었어요. 그 말은 저에게 굉장한 충격을 주었어요. 그렇구나! 내가 졸업을 하지 않으면 아이가 혹시 방황할 때 엄마도 "중퇴했잖

아요!" 하면 할 말이 없겠구나 하는 생각이 들더라고요. 그래서 남편 덕분에 열심히 논문을 쓰고 졸업을 하게 됐어요. 어렸을 때 형성됐던 부모의 기억은 지워지지가 않습니다. 부족한 아빠일지라도 엄마가 존중하고 있는 그대로를 사랑해주면, 아이들은 절대 아빠가 부족하다고 생각하지 않습니다.

엄마가 아빠에 대해서 불만이 많고, 늘 화가 나 있고, 무시하고, 아빠에 대해서 불평이 많으면 아이들은 그런 엄마의 감정을 그대로 전수받으면서 아빠를 미워하고 바보로 생각해요. 그래서 그런 아빠의 바보 같은 모습을 뒤따르며 자기 인생을 망치는 거예요. 아빠를 미워하면서 그대로 아빠를 닮아가요. 그런데 엄마가 아빠를 부족한 대로 존중하고 진심으로 사랑하면, 아이들은 부족한 아빠를 닮아가는 것이 아니라 객관적으로 아빠가 더 부족한데도 사랑하고 지극히 존중해주는 그 훌륭한 엄마를 닮아간다는 거예요. 그것이 쉽지는 않지만 중요한 핵심임을 여러분은 알고 있어야 해요.

혹시 아빠를 비난하고 무시하면서, 아이를 우선시하고 맛있는 것도 먼저 먹이고 하는 엄마가 있다면, 가장 아이를 망치는 엄마라는 걸 알아야 해요. 아이를 위하는 것이 아니라, 아이를 다 망치는 줄 알아야 해요. 아무리 부족한 아빠라도 너를 엄마에게 오게 한 분이 아빠라는 것을 일러주고, 그래서 이 세상에서 제일 중요한 사람이 아빠라며 잘 모셔야 된다고 해야 현명한 엄마예요.

가족이 잘 모시지 못하는데, 밖에서 누가 존중해주겠어요? 자기가 남편을 거지 같다고 욕하면, 밖에서 자기를 거지 아내라고 수군거리는 줄 알아야 해요. 우리가 아이를 잘 키우려면 어떻게 해야 한다고 했죠? 아이들은 내 뒷모습을 보고 그대로 따라오는 거예요. 그게 기본이에요. 본인의 행동으로 교육이 되어 있지 않으면 아이들한테 말하는 힘이 생기지 않아요. 자신이 실행을 하는 것만 아이들에게 영향을 줄 수 있는 거예요.

지금 자녀들 문제가 엄청 많거든요. '자녀교육' 내용이라면 부모님들이 관심을 가지고 세미나에 많이 오시는데, '부부행복지수 높이기' 세미나를 열면 많이들 안 오세요. 남편은 이미 포기했나요? 이젠 이 남편하고 어떻게 행복할 수 있을지에 회의감을 갖고 있나요? 한 15년, 20년, 25년 살다보니까 "행복이고 무엇이고 필요 없고, 생활비라도 제대로 가져다주면 다른 건 바라지도 않는다." 이런 마음이 생기나요? 그렇죠. 그게 우리의 솔직한 마음입니다.

부부상담은 예전보다는 많이 줄었어요. 그 이유가 문제가 없어져서 그런 것이 아니라 포기해서 그래요. 이제 점점 우리가 내려놓을 건 내려놓고 깨달음의 세계로 가고 있어요. 대신 이제는 사춘기 아이들의 상담이 엄청 늘고 있어요. 그렇지만 여러분이 아무리 자녀를 훌륭하게 키우고 싶다고 해도 부부관계가 튼튼하지 않으면 자녀를 훌륭하게 키울 수가 없어요. 그것은 어쩔 수 없는, 외면할 수 없는 진리예요.

지금 가정의 형태가 다양해지고 있어요. 일반가정, 이혼가정, 재혼가정, 한부모가정, 주말부부, 기타 등등. 예전처럼 부부가 꼭 같이 살지 않는 형태들이 많다는 거예요.

여러 가지 사정으로 함께하지 못하고 혹은 헤어진 부부라도 절대 상대 배우자에 대한 비난이나 상처 되는 말을 아이들에게 해서는 안 돼요. 부부는 헤어지면 남이 될 수 있지만 자녀에게는 밉든 곱든 부모는 자신의 뿌리라는 것을 아셔야 해요.

뿌리가 썩으면 열매는 열릴 수 없어요. 자녀들에게 건강한 뿌리는 서로 존중하는 부모의 모습이에요. 여러분이 남편에 대해서 더 이상 기대할 게 없다고 실망하고 있을지 모르지만 그래도 핵심은 부부관계라는 거예요. 그게 잘 되지 않으면 아이들이 표면적으로는 학교를 다니며 공부를 할진 모르지만, 어떻게 살아야 하는 것인가라는 이정표가 없는 거예요. 그걸 정확하게 아셔야 돼요.

우리가 많이 실망하고 회의감도 느끼고 하지만 결국 핵심은 부부관계예요. 가정의 출발이 부부로부터 시작되니까요. 그래서 다시 한 번 부부관계를 놓고 생각을 하고 정리할 시간을 가져야 해요. 자녀들은 부모의 뒷모습을 보고 닮아오기 때문이에요.

III

세계화의 꽃,
다문화가정

다문화가정의 대화

대화법에 대해 이야기하기 전에 시를 하나 읽어드릴게요. 이 시는 제 생일 때 아들이 직접 써서 저에게 보낸 거예요. 이걸 읽고 제가 많은 생각을 했어요.

사랑하는 그대

사랑하는 그대 / 그대는 따뜻한 햇살 같아 / 사랑하는 그대 / 그대는 마치 향기롭고 아름다운 꽃 같아 / 항상 나비가 날아오지 / 사랑하는 그대 / 그대는 언제나 외롭지 않아 / 부러운 그대 / 미워할 수 없는 그대 / 사랑하는 그대 / 낙엽처럼 떨어지는 내 마음 / 그대는 알고 있을까 / 사랑하는 그대 / 내 목소리 내 마음에 귀 기울여 줘 / 사랑하는 그대 / 그대와 함께 말하고 싶어라 / 그대와 함께 웃고 싶어라 / 사랑하는 그대 / 그대와 함께하고 싶어라

이 시를 읽으면서 저는 굉장히 마음이 아팠어요. 엄마는 뭔가 굉장히 행복하게 살고 있는 것 같은데 자신은 뒤에 떨어지고 있고, 그런 마음을 엄마는 알고 있는지 모르는, 그리고 엄마하고 함께하고 싶어 하는 그런 마음이 거기에 적혀 있잖아요.

왜 이런 시가 나왔나 생각을 해봤는데 그 전날 사건이 있었어요. 그래서 아들이 저한테 삐쳐있었어요. 그래서 기분이 너무 나빴던 거예요. 그 상태로 자다가 일어났는데 엄마 생일인 거죠. 선물도 못 사주고, 그래서 쓴 게 이 시예요. 저는 그날 왜 이런 시를 쓰게 됐는지 아들하고 이야기를 했어요.

우리 아이들은 다문화가정 자녀들이에요. 제 남편은 일본 분이지요. 그러다 보니까 아이들이 굉장히 많이 힘들어 해요. 여러분들이 생각하는 것보다 사춘기 아이들은 '내가 다문화다'라는 것에 대해 굉장히 스트레스를 많이 받아요.

초등학교 저학년 때 아이들은 아무 생각 없이 자신의 환경에 대해 이야기하잖아요? 저희 아이들도 친구들에게 "우리 아빠는 일본 사람이야." 이렇게 말한 적이 있었어요. 그런데 어느 날 친구들이 "일본 놈, 일본 놈" 하면서 "일본에 가라."든지 "너 일본 사람인데 왜 여기 있어?"

이런 식으로 괴롭히기 시작하는 거예요. 마음에 상처를 너무 많이 받았어요. 그래서 중학교에 가서는 자기 이야기를 안 하려고 했어요. 다시 상처를 받을까봐 자기가 일본 사람이라는 것을 알리고 싶지 않은 거죠. 아들도 딸도 같은 상처를 입었어요. 그때 엄마로서 너무 마음이 아팠어요.

특히 우리 집은 남편 따라서 아이들 국적이 일본이에요. 이중국적이 허락되기 전에 태어났거든요. 이름도 기니까 딱 티가 나요. 그런대로 학교생활을 잘하고 있었는데 아이가 자신의 정체성에 대해서 혼란스러워하는 것 같았어요. 특히 역사에 대해서 배우면 너무나도 마음이 아프다는 거예요. 아빠와 자기가 일본 사람인데 50%의 조상님들이 한국에 대해서 이렇게 나쁜 짓을 했다는 것이 너무 마음이 아프다는 거예요.

그런데 우리 아들은 역사에 관심이 많아요. 역사 선생님께서도 많이 예뻐하셨는데, 자신의 반이 일본이라는 것 때문인지 다른 아이들하고 이야기도 잘 안 하고 친해지려 하지 않았어요. 자기가 상처받는 것이 두려워서 아이들하고 경계선을 그어놓는 거죠. 그러다보니까 곁의 아이들이 자기를 너무 어려워한다는 거예요.

어느 순간에 자신에게 친구가 없다는 것이 너무 외로웠나 봐요. 외로운 마음에 이 시가 나온 거예요. 자기 마음상태가 어떤지 얼마나 외로운지를 엄마가 아는지, 그래서 이 시를 썼다고 하더라고요.

그리고 저한테도 "엄마, 엄마는 상담자로서 자질이 있다고 생각하세요?", "엄마는 어떤 사람을 상담하세요? 저 같은 아이들도 상담하러 오나요? 그런 사춘기 아이들의 마음을 진정으로 알 수 있나요?" 이런 너무나 도전적인 질문을 하는 거예요. 아이가 갑자기 그러니까 저도 굉장히 당황스러웠는데, 그 후에 시를 쓰게 된 외로웠던 마음을 이야기해서 풀었어요.

아들의 마음은 "엄마가 상담자인데 내 마음도 모르면서 무슨 다른 아이들 상담을 하냐. 아들이 이렇게 외로워하고 있는데." 그런 거예요. 그래서 새벽 3시가 되도록 많은 대화를 하면서 굉장히 좋은 시간을 보냈어요.

다문화가정 자녀들은 기본으로 마음에 상처를 안고 간다고 보시면 정확합니다. 너무도 많은 아이들이 그 상처로 인해 학교를 그만두거나 대인관계의 어려움을 호소하고 자존감이 낮아지는 경우가 있어요. 그것을 나중에 극복하면서 우수한 기량을 발휘하는 자녀들도 많아요. 하지만 적어도 고등학교 시절까지는 우리가 모르는 아픔이 또 있다는 것을 알아야 해요.

가족소통도 지혜로워야

우리 남편은 정말 돈을 안 쓰는 사람이에요. 정말 톱이에요. 그래도 우리 남편이 돈을 아끼지 않는 한 가지가 있어요. 그것은 아이들하고 식사하는 것입니다.

일요일에 교회를 가자고 하면, 사춘기 아이들은 예배가기를 정말 싫어하죠. 뭔가 자기에게도 즐거움이 있어야 되잖아요. 그래서 우리 남편이 지키는 것은 예배드리는 날에는 반드시 외식을 하는 거예요. 그러니까 아이들은 교회에 가는 것이 목적이 아니라 '오늘 외식하는 날이구나.'라고 생각하는 거죠. 그게 기쁨이에요. 아이들이 좋아하는 것이 뭔가를 알아야 돼요.

그리고 예배에 대해 아이들이 어때요? 처음에는 무조건 싫어해요. 그런데 막상 말씀을 듣다 보면 엄청 잘 듣고, 배우고 깨달음을 많이 얻습니다. 그리고 그 후에 아빠 엄마하고 맛있는 식사를 하러 가죠. 맛있다고 해봤자 냉면 한 그릇 정도이지 그렇게 대단한 것은 아니에요. 그냥 가족이 함께 외식하는 것, 그리고 아이들이 좋아하는 영화관 같은

곳을 한 달에 한 번이라도 반드시 가족이 함께 가요. 영화를 보고 싶지 않으면 그냥 커피전문점에 가서 아이스크림이나 커피 한 잔 시키고 가족이 함께 이야기하고, 그게 아이들이 제일 행복해하는 거예요.

먹는 것이 중요한 게 아니라 부모와 같이 뭔가 이야기 나누는 것, 그게 소통하는 거예요. "한 주 동안 뭔가 좋은 일이 있었니? 친구하고는 어떠니?" 또 자기 미래와 꿈에 대해서 이야기하게 하고, 부모가 들어주는 거예요. 아이들은 부모와 함께 이야기를 나눌 때 자신을 돌아보고 스스로 성장해가는 거예요.

아이들이 어렸을 때부터 우리 집은 이야기 나누는 것을 좋아했어요. 그래서 유치원 때도 아들이 "엄마, 우리 이야기 나누기 할까요?" 이렇게 말하는데 참 그 모습이 귀엽고 사랑스러웠어요. 지금은 모두 성인이 됐지만 지금도 아들은 엄마가 많이 바빠 얼마 동안 이야기를 나누지 못하면 '자신의 영혼이 마르는 느낌'이라고 해요. 저는 아들의 그런 표현을 듣고 깜짝 놀랐어요. 무슨 일이 생기면 엄마와 제일 먼저 이야기를 나눠봐야겠다는 생각이 든다고 하네요. 아이들은 자신의 생각과 감정을 수용하고 이해해주는 가족과 이야기를 나눌 때 자신의 생각을 보다 명료화할 수 있고 자신이 미처 생각지 못했던 것들을 피드백을 통해 새롭게 알게 되기 때문이에요.

여러분, 미리 한번 대화연습을 해볼까요? 한 사람은 엄마 역할, 또 한 사람은 아이 역할로 대화를 해보세요. 평소에 아이가 뭐라고 불만을 말하는지 생각하면서 해보세요. 앞에 두 분이 한번 대화를 해볼까요?

아이 "엄마, 저 염색하고 싶어요. 옷도 잘 입고 싶고요."

엄마 "여유가 있으면 하지. 우리 집 경제를 생각해봐."

아이 "그럼 형편이 언제 좋아지는데? 그렇게 하지도 못하면서 왜 날 낳았어요?"

엄마 "무대에 올라가서 노래하고 춤추는 그런 친구들이나 하는 것이지. 너는 그렇지도 않은데 왜 염색을 해야 하냐. 언니들은 그런 거 해달라고 한 적이 없는데!"

여러분 어때요? 이 대화를 듣고 아이 입장이라면 엄마의 마음이 이해가 되나요? 안 되죠. 짜증만 날 거예요. 이 상황을 놓고 생각하면 엄마와 아이 사이에 사건이 생겼어요. 첫 번째, 아이가 염색을 하고 싶다는 사건이 난 거예요. 그리고 두 번째, 아이의 말을 들었을 때 엄마의 느낌이 있을 거 아니에요? 기가 막히기도 하고, 황당하기도 하고, 그런 느낌들이 있잖아요. 그 느낌을 아이에게 전하고, 세 번째는 엄마가 아이에게 원하는 것을 말해야 돼요. 네 번째는 아이에게 그걸 부탁해야 돼요. 부모가 아이를 존중하고 있다는 마음을 전하는 거예요.

어떤 상황이라도 상대가 남편이든 아이들이든 똑같아요. 먼저 공감을 해줘야 돼요. 아이가 하는 이야기를 그대로 따라하면 돼요.

"아아, 지금 네가 염색을 하고 싶다는 이야기구나."

처음에는 염색을 하고 싶다는 이야기에 어느 정도 공감을 해줘야 합니다. 그 다음에 뭐예요?

"네 이야기를 듣고 나니까 좀 충격을 받았어. 네가 아직 고등학생인데 염색을 한다는 것은 엄마는 생각도 못해봤거든."

이렇게 충격 받은 엄마 느낌을 전달하는 거예요. 그다음에 부모가 원하는 것이 뭐예요? 학생은 학생답게 하는 거죠.

"엄마는 네가 아직 학생이니까 학교 다니는 시간은 염색을 안 해도 멋있다고 생각하는데. 네 생각은 어떠니?"

일단 이건 엄마 생각이잖아요. 그런데 제일 중요한 것은 "네 생각은 어떠니?" 이렇게 아이 생각을 물어야 돼요.

아이들마다 길게 말하는 것은 질색이에요. 사춘기 아이들은 더 그렇고 남자아이들은 더더욱 질색이에요. 깔끔하게 결론을 말해야 돼요.

"아직 학생이니까 학교 다닐 시간은 그냥 있어도 멋있는데, 굳이 그렇게 염색을 하고 싶으면 방학 때 잠깐 하는 건 어때? 아빠 눈치도 보이고 네가 하고 싶다고 해도 수용하기가 힘 드는데." 이렇게 말하면 어떨까요?

그래서 아이가 "알았어. 그럼 이번 여름방학 때 꼭 해줘. 약속이다." 하면 "그래 알았어. 엄마 말 들어줘서 고마워." 이렇게 돼야 하죠. 무조건 비판을 하면 아이들이 엄마와의 관계를 끝내요. 그러니까 이런 식으로 대화하도록 노력하셔야 돼요.

인간의 다섯 가지 욕구

대화라는 게 뭐예요? 언어를 통해서 서로 마음을 주고받는 거예요. 대화가 원활하면 관계가 따뜻하고 좋겠죠. 그런데 만약에 그 관계가 제대로 이루어지지 않으면 우리가 대화를 잘못하고 있지 않은가를 돌아봐야 돼요.

우리의 욕구가 충족되지 않을 때 뭔가 행복하지 않고 슬프고 그런 감정이 되죠. 우리 아이들도 마찬가지예요. 애들이 뭔가 귀찮아하고 혼란스러워하고 수치스럽고 피곤해하고 그러면 뭔가 아이의 욕구가 충족되지 못하고 있는 거예요.

윌리엄 글래서(William Glasser)라는 학자에 의하면, 우리 인간에게는 다섯 가지 욕구가 있다고 해요.

첫 번째는 생존에 대한 욕구예요. 먹고 입고 자고 하는 기본적인 생존 욕구가 있어요. 이 욕구가 채워지지 않을 때 너무 예민해지고 피곤하거나 화가 나거나 집중이 안 되거나 그런 현상들이 나타나요.

두 번째는 사랑과 소속에 대한 욕구예요. 우리는 누군가로부터 사랑받

고 누군가를 사랑하고, 이런 걸 확인하고 싶어 해요. 그리고 소속감을 느끼고 싶어 해요. 그래서 이런 단체나 집단이 없으면 굉장히 안정감이 떨어지고 불안하고 외로워지는 현상들이 생겨요.

세 번째는 힘의 욕구예요. 외적인 힘도 있지만 내적인 힘의 욕구를 채우는 것을 말해요. 그래서 사랑의 욕구와 힘의 욕구가 혼동되는 경우가 많이 있는데요. 특히 남편들 중 그런 분들이 있어요. 물론 엄마들도요. '아빠가 사랑하니까 그렇다.'라는 말을 통해서 아이들한테 야단을 치거나 폭력을 쓰거나 욕을 하거나 통제하려고 해요. 이건 사랑이 아니고 힘의 욕구예요.

예를 들어서 여러분들이 아이들이 공부도 안 하고 컴퓨터만 하고 있다면 어때요? 아이에게 잔소리를 하거나 화를 내거나 하는데 과연 내가 아이를 사랑해서 그러는지 생각해봐야 돼요. 그건 사랑의 욕구가 아니라 착각을 하고 있는 거예요. 엄마가 원하는 방향으로 아이가 해야 된다는 통제, 즉 힘의 욕구예요.

"너는 학생이니까 당연히 공부해야 돼. 너는 공부 안 하면 바보가 된다."라는 엄마의 생각이 불안을 불러오면서 아이를 통제하려고 해요. 여러분들은 사랑과 통제를 구분해야 돼요. 나 자신의 내면에서 내가 지금 무슨 생각을 하고 있는지, 어떤 감정인지에 대해서 끊임없이 탐색을 해야 돼요.

네 번째는 자유에 대한 욕구예요. 우리가 자유를 억압당하면 어떻게 될까요? 내 의지와 상관없이 어떤 힘에 의하여 다른 누군가로부터 강한 힘으로 통제당하고 그 시간이 오랫동안 지속된다면 어때요? 누구든지 정상적인 정서를 가질 수 없어요.

우리는 자유의 욕구를 억압당했을 때 굉장히 분노해요. 일반적으로 남자들은 자유의 욕구가 더 높은 경향이 있어요. 남자라는 존재 자체가 독립적이기 때문에 뇌 자체가 자유의 욕구를 많이 추구하죠. 그래서 여러분들이 아들에게 전화해서 "어디 있냐? 언제 들어올 거냐?" 따지면, 굉장히 짜증스러워 해요. 내가 집에 들어가고 싶을 때가 있는데 계속 전화가 오니까 그것처럼 스트레스 받는 게 없어요.

마지막 하나는 뭐죠? 즐거움의 욕구예요. 다섯 가지 욕구가 다 중요하고 필요한 욕구이지만 이 다섯 가지 중에서 딱 한 가지만 있어야 한다면 뭐가 제일 필요할 것 같아요? 저는 즐거움의 욕구라고 생각해요. 우리 삶에 즐거움이 없으면 제대로 살아간다고 말하기 어려워요. 어떤 일이든 장소든 내가 즐거움을 느끼지 못한다면, 거기엔 진정한 기쁨이 없는 거예요.

우리 아이들이 뭘 하면 기쁨이 생기는지, 시간가는 줄 모르고 즐거운지를 찾고 물어봐야 해요. 아이들은 게임이라고 말하겠죠. 그렇다고 "게임 말고!" 이러면 안 돼요. "그렇지. 게임이 재미있지. 그렇지만 게임 말고 또 다른 어떤 것이 네가 즐겁다고 느끼니?" 이렇게 아이들하고 대화를 해야 돼요.

상대방이 어떤 이야기를 했을 때 자기 생각과 다르다고 거부하는 것이 아니라, "그럴 수도 있구나." "네 생각이 그랬구나."라고 수용해주는 것, 그게 대화예요.

잘 들어주는 것이 대화

대화에서 '존중'의 첫 번째가 '경청'이에요. 잘 들어주는 거예요.

가만히 앉아서 "그래 말해봐. 응. 어… 어…." 이렇게 하는 게 아니라 어떻게 해야 돼요? 자세를 바로 잡고 상대방의 눈을 바라봐요. 눈을 너무 똑바로 쳐다보면 공격을 당하는 느낌이 들어요. 주로 코밑에 인중을 바라본다 생각하고 가끔 눈을 맞춰주면 상대방은 안정감을 느끼고 자신의 이야기를 잘 할 수 있어요. 어려운 이야기를 할 때는 너무 정면보다 약간 대각선으로 앉으면 좋아요.

그럴 때 심리적으로 더 자연스럽게 이야기를 할 수 있어요. 보통 가족 간 말고 타인과 이야기를 할 때는 80~100센티미터 정도 떨어져서 하는 게 편안해요. 그리고 고개를 끄덕끄덕 거리고 '아아 그렇구나.' 동조를 해줘야 돼요. 그러니까 여러분들이 말을 연습해야 돼요. "아, 그렇구나. 아, 우리 아들이 그랬구나. 아, 우리 딸이 그랬었구나." 하는 것을 배워야 돼요. 그냥 듣고만 있는 게 경청이 아니에요.

두 번째는 생각의 차이를 인정하는 것이에요. 여러분은 생각의 차이를 잘 인정하나요? 잘 인정이 되던가요? 남편이 늦게 들어와서 변명을 하면 그게 잘 인정이 되나요? 이게 항상 대화의 걸림돌이 돼요. 아이들에 대해서도 생각의 차이가 인정이 안 돼요. 모든 사람들은 자기가 옳아요. 73억 인류 중에서 오직 옳은 사람은 나 하나예요. 모든 인간이 다 그래요. 내가 옳다는 믿음이 있기 때문에, 내가 옳기 때문에 다른 사람의 생각이 틀렸다고 느끼는 것뿐이에요. 당연한 거예요. 그 당연한 것을 인정하기 위한 연습을 해야 해요.

세 번째는 선택권을 인정하는 것이에요. 성서에서 하나님도 여러분들이 무엇을 어떻게 하는 것에 대해서 간섭하셨어요? "따먹지 말라." 하나님이 말씀을 하셨는데 어땠어요? 따먹을지 안 먹을지는 누구에게 달렸어요? 인간에게 선택권을 주셨잖아요. 태초에 하나님이 우리를 창조하실 때 이미 선택권을 주셨어요. 따먹지 말라는 것은 하나님의 생각이고 하나님의 계획이고 하나님의 위상이셨지만, 그것을 하나님이 강요하셔서 아예 따먹지 못하게 만들었던 것이 아니에요. 따먹지 않아야 하는 것이 원칙이지만 그것을 실행하고 안 하는 그 선택권을 인간에게 주신 거예요.

여러분들이 이것을 기억해야 돼요. 우리는 강요를 받아서 어떤 것을

해야 하는 게 아니라 매순간 선택할 수 있는 자유가 있어요. 그 선택에 있어서는 책임을 질 수 있는 능력이 있는 사람들이에요. 그런데 우리는 선택권을 주지 않고 있잖아요. 내 생각이 옳다는 신념이 있기 때문에 남편에게도 아이들에게도 선택권을 주지 않아요.

마지막은 감사예요. 상대 존재에 대한 감사, 내 존재 자체에 대한 감사. 이게 되지 않으면 우리는 존중이라는 것 자체가 안 돼요. 우리가 '존중'이라는 말을 많이 사용하고 '존중해야 한다.'고 너무나 많이 외치지만 기본적인 네 가지 틀을 모르면 그건 존중 그 자체가 아니에요.

다시 정리하자면, 대화의 기본은 존중인데 여러분은 '여러분 식', '내 식'의 존중을 하고 있어요. 아이가 말하면 "아아, 엄마 지금 바빠. 이따가 이야기해. 빨리 숙제해." 물론 여러분은 상냥한 엄마지만 한국 엄마들 중에는 그런 사람도 많아요. 스트레스 받거나 힘들면, 특히 남편한테 스트레스 받으면 누구에게 가겠어요. 괜히 아이들을 잡는 거죠. 그건 자기 스트레스 해소예요. 나보다 힘이 약한 사람한테 스트레스를 푸는 건데 아주 위험한 행위예요.

경청 다음에는 생각의 차이를 인정하는 것이 중요해요. 아이 생각과 내 생각이 다를 때 그 차이를 인정하고 받아주는 것이에요.

“아아, 너는 지금 게임을 먼저 하고 숙제를 하고 싶다는 이야기지? 어느 정도 게임을 하고 숙제를 하고 싶니?” 이렇게 물어봐주면 “1시간요.”라고 아이가 대답을 하겠죠? 그게 못 미더워도 “그럼 1시간 게임을 하고 숙제를 하고 싶다는 이야기지? 1시간 하고 딱 그만두기 어려울 텐데 그럴 때는 어떻게 할래?” 이렇게 물어봐야 돼요.

아이 “엄마가 1시간 후에 이야기 해주세요.”

엄마 “그럼 엄마가 1시간 후에 알려주면 되겠니?”

아이 “네.”

이렇게 되면 아이가 자기가 선택한 일이기 때문에 책임을 지게 돼요. 하지만 이게 하루아침에 되지 않을 수 있어요. 그건 그만큼 여러분이 아이들을 망쳐놨기 때문이에요. 오랫동안 무시를 하면서 아이에게 선택권을 주지 않았기 때문에 그래요. 그걸 알아야 돼요. ‘내’가 이상한 것이 아니라 ‘내가 교육하는 방법’이 오랫동안 잘못돼왔다는 거예요.

선생님의 자녀분은 지금 초등학교 몇 학년이라고 하셨죠? 초등학교 4학년이면 몇 살이에요? 11살인가요? 그동안 망쳐놓은 거예요. 다시 되돌리려면 11년이 걸린다는 거죠. 그래서 그런 것을 자각하고 아이들과 관계를 개선하는 것을 생각하셔야 돼요. “개선하지 않고 아예 포기하겠다.” 그것도 여러분의 선택이에요.

그러나 어찌하든 간에, 대화의 기본은 존중인데, 적어도 상대의 말을 잘 들어주고 상대방이 어떻게 하고 싶은지 생각하고 의견을 듣고 그렇게 이야기를 할 수 있다는 것을 감사하게 생각해야 돼요. 특히 아이들한테 이런 말을 많이 해줘야 돼요.

“네가 엄마의 아들(딸)로 태어나줘서 고맙다. 엄마는 네 엄마여서 감사하고 정말 행복해.”라고 해야 하죠.

여러분이 아이의 존재 자체에 대해서 감사하지 않으면 아무 소용이 없어요. 아이가 공부를 잘하든 못하든, 말썽을 부리든 안 부리든 그것이 중요한 것이 아니라 아이의 기본 존재 자체에 대한 감사가 없으면 여러분이 좋은 부모가 되기는 참 어려워요.

우리는 항상 아이들을 평가해요. 아이가 말을 듣는지 안 듣는지, 공부를 잘하는지 못하는지, 학교에서 싸우는지 안 싸우는지, 매일 평가하고 비난하고 비판합니다. 우리 아이들이 그런 것에 익숙해져 있어서, 자신을 잘 믿지 못해요. 우리 아이들은 다 각자의 꽃씨를 가지고 있어요. 그런데 그 꽃이 언제 어떤 꽃을 피울지는 아무도 몰라요. 부모의 역할은 자녀들에게 '너는 자신만의 특별한 꽃씨를 가지고 있는 소중한 존재다.'라는 것을 늘 알려주는 거예요.

아버지와 아들

새로운 행동에 대한 거부감이 사라지는 데는 21일이, 습관으로 만들어지는 데는 66일이 걸린다. (필리페 렐리 박사, Phillippe Lally)

3년 전인가! 런던대학의 실험결과 '우리 몸이 습관으로 받아들이는 데는 개인차가 있지만 평균 66일이 걸린다.'는 이야기를 아이들과 나누면서, 아들딸에게도 혹시 새로운 습관 만들기에 동참하겠느냐고 했었어요. 그랬더니, 딸은 하루에 새로운 강의 하나 듣기를 선택했고, 아들은 한참 뒤 입을 열더니, 자기는 그럼 '일기 쓰기'에 도전해보겠다는 거예요.

일기쓰기라? 방학 때 내준 일기숙제도 언제나 벅차고 다하지 못하는 게 상식인데 과연 할 수 있을까 의심하고 있는데, 아들은 한국어가 아니라 '일본어와 영어'로 일기쓰기를 도전해보고 싶다는 거였어요. 오잉? 일본어와 영어로? "지금까지 한국어로 일기 쓰기도 안 했는데 가능할까?" 의심 가득한 엄마의 질문에 아들 왈! "그러게요! 저도 자신은 없

어요. 하지만 한번 도전해 보고 싶어요."

그때 아들의 일본어 실력은 고등학교 때 한 학기 배운 기초일본어 '가타가나와 히라가나'를 읽는 정도의 수준이었어요. 영어도 레벨테스트를 받으니 20레벨 중 겨우 3레벨 상태였지요. 그야말로 바닥 중 바닥인 상태, 이런 상태에서 어떻게 영어와 일본어로 일기를 쓸까? 사실 저는 전혀 믿지 않았답니다. 하지만 아들은 매일매일 하루는 짧은 영어로 하루는 일본어로 일기를 쓰고 있더라고요. 그때부터 스스로 영어공부도 시작하게 됐지요. 그리고 3년이 지난 지금 그때의 습관을 가장 잘 이행하고 있는 사람은 결국 아들이랍니다.

어느 날, 어떻게 그렇게 습관을 이어올 수 있었느냐고 물으니, 바로 "아빠 덕분"이라고 하더군요. 일기를 가족방에 올리면 아빠는 언제나 꼼꼼하게 읽고 잘못된 표현도 잡아주고 항상 피드백을 해주신다는 거예요. 아빠의 그런 관심과 피드백 덕분에 자신이 도전하고 성장할 수 있었다고 하더라고요. 우리 아이들은 자신들의 아빠는 세상에서 0.1%에 속하는 아빠라고 해요. 딸이 고등학생 때 자기는 대한민국에서 1%에 드는 아이라고 하더라고요.

"무슨 1%? 공부는 절대 아닌데?" 했더니 자기는 엄마 아빠 딸로 태어나서 너무 감사하대요. 친구들과 이야기 해봐도 그렇고 주변을 봐도 그렇고, 사춘기 때 이렇게 소통되는 집이 얼마나 있겠냐면서 그래서 자기는 행복한 아이 1%에 속한다고 하더라고요. 그 말에 너무 감동하고 고맙고 또 많이 미안했어요. 사실 아이들이 어렸을 때 제가 보증을 잘못서서 파산을 하면서 집이 너무너무 어려웠거든요. 그래서 아이들 학원을 한 번도 못 보내고, 가정경제도 말할 수 없이 어려웠어요. 그때 아들이 초등1학년이었는데 마을버스비가 200원인가 했어요. 그런데 집안이 어렵다는 걸 눈치 챘는지, 어느 날 "엄마 저 오늘부터 걸어서 학교에 갈래요." 하는 거예요. "왜?" 했더니 그냥 걸어 다니면 건강해지기 때문에 그게 좋다는 거예요.

사실 저희 집에서 걸어가려면 작은 산을 하나 넘고 아이들 걸음으로는 30~40분이 걸리는 거리거든요. 그때 제가 너무 마음이 아팠어요. 딸의 급식비가 1만2천원인가 했는데 너무 돈이 없어 그걸 못낸 적도 있어요. 이렇게 어려운 상황에서 하루에 4가지씩 일을 하기도 하면서 아이들을 전혀 돌보지 못했거든요. 그래서 아이들이 공부를 잘 할 수 있는 환경이 아니었어요. 사실 완전 방임상태였지요.

지금도 아이들에게 가장 미안한 부분이 한참 공부를 해야 할 때 전혀 뒷바라지를 해주지 못한 죄책감이 많이 있어요. 아이들은 그때 실컷 놀았기 때문에 오히려 좋았고, 지금 자기들이 공부를 할 수 있는 것도 오히려 그때 놀았기 때문이라며 "절대 미안해하지 말라!"고 해요. 그런 아이들에게 고맙고, 아이들이 그래도 바르게 자란 건 남편 덕분이라고 생각해요.

태교 때도 오직 '아빠 닮아라.'는 기도만 했는데 그 기도가 잘 이루어진 것 같아요. 아이들이 아빠의 좋은 장점과 성품을 훨씬 많이 닮았더라고요. 제가 남편에 대해 존경하는 점이 정말 많지만 사실 그중의 으뜸은 '일관성'이거든요. 뭐든지 한번 시작하면 꾸준히 성실하게 해요. 충동적이고 변화무쌍한 저에게 가장 어렵고 부족한 부분이거든요. 아들은 그렇게 아빠의 피드백을 받으며 열심히 영어도 공부하더니 이제는 레벨18이 되었다고 하네요. 일본어도 꾸준히 하면서 가족방에서 세 사람은 일본어로 이야기해요. 저만 왕따예요.

이렇게 아이들은 부모와 대화를 나누며 자존감의 뿌리를 튼튼히 하고 자신의 길을 가게 돼요. 아이들은 자신이 선택하면 책임을 지게 돼요. 아이들에게 대화를 나누고 선택권을 줘야 하는 이유이지요. 아버지의 뒷모습을 닮아가는 아들을 보며 참 뿌듯한 행복을 느낄 때가 많아요.

다문화가정의 에피소드

여러분 한국에 처음 왔을 때 어땠나요? 너무 너무 설레었나요? 아니면 이 남자를 따라서 살아도 될까, 불안했나요?

다문화가정들은 일반 한국 가정들보다 어려움이 몇 배나 크지요? 부끄럽지만 저도 한국에서만 살았기 때문에 외국생활을 하는 분들의 어려움을 전혀 몰랐어요. 성질 급하고 말 빠른 저와는 달리 남편은 말을 좀 천천히 하는 스타일이에요.

신혼 초에 제가 무슨 말을 하면 남편이 대답이 없는 거예요. 그러다 어느 날, 제가 화가 나서 한마디 했죠. "당신은 왜 상대가 말하면 빨리 빨리 대답을 안 해요?" 하면서 막 짜증내고 잔소리를 했어요. 그랬더니 화를 내는 일이 거의 없는 저의 남편이 정말 화가 나 씩씩거리면서 한마디 하는 거예요.

"당신도 일본에 가서 살아보세요. 당신은 자기가 하고 싶은 말을 한국말로 쉽게 하면 되지만, 내 입장에서는 빠른 당신의 말이 무슨 뜻인지 먼저 알아들어야 하고, 그것을 머릿속에서 일본어로 번역해서 다시 거기에 맞는 한국어를 찾아 대답을 해야 되기 때문에 빠르게 대답을 할 수 없다."는 거예요. 저는 한 번도 생각해 보지 않았던 이 복잡한 언어 전달 프로세스를 처음으로 남편에게 듣게 됐지요.

조금 미안한 마음이 들었지만 솔직히 그렇게 크게 와닿지는 않았어요. 그러다 제가 일본 시댁을 가게 됐는데 일본어를 한마디도 못했거든요. 공항에 내리는 순간부터 긴장하고 무서운 거예요. 친척들에게 인사시키느라 여기저기 방문하는데 말을 못하니까 바보가 된 느낌이고, 말 대신 억지로 웃느라고 얼굴에 경련이 일어날 정도였어요.

시댁에서도 남편이 잠깐 화장실에만 가도 부모님이 무슨 말할 때 알아듣지 못할까봐 너무 불안한 거예요. 그때 처음 남편의 심정을 알았어요. 외국에 산다는 것이 얼마나 큰 스트레스인지요. 그래서 일본에 가서 처음으로 남편에게 진심으로 사과했어요. 여러분들이 외국에 살면서 겪는 스트레스와 어려움이 얼마나 큰지는 정말로 여러분만이 알 거예요.

한번은 어떤 필리핀 엄마가 아이학교에 준비물을 챙겨 보냈어요. 가정 통신문에 준비물이 '물감'이었어요. 그런데 이 엄마는 물감이 뭔지 몰랐어요. 그런데 물과 감은 알았기 때문에 물과 감인 줄 알고 두 가지를 잘 챙겨 보낸 거예요. 아이는 모르니까 미술시간에 그걸 꺼내

놨는데 아이들이 박장대소를 하고 웃는 거예요. 그렇게 자꾸 놀림거리가 되니까 기가 죽고, 엄마 피부도 까맣고 아이도 좀 그러니까 또 놀리는 거예요.

이러다 보니 아이들이 학교 가는 걸 싫어하게 되고 엄마들이 말을 잘 못하니까 언어수준도 떨어지고 공부를 잘 봐주지 못하니까 학습도 떨어지는 경우가 많아요. 이렇게 여러 가지 어려움 속에 경제적 어려움까지 커서 자존감이 낮아지고 학교적응도 어려워하는 아이들이 많아요. 사실 다문화가정 엄마들의 어려움이 여러 가지 많지만 아이들이 저학년일 때 가정통신문을 읽고 챙겨주는 일이 정말 어려워요. 한국 가정들은 생각해본 적도 없는 어려움이지요.

한번은 한·필가정의 2세가 상담을 왔어요. 그런데 저는 그 아이와 상담하면서 정말로 놀라고

많이 배웠어요. 어렸을 때 엄마 아빠가 너무나 많이 싸우고 아빠가 집을 나가 버렸대요. 필리핀 엄마 혼자 아이 셋을 키우는데 얼마나 힘들었겠어요. 그래서 자기가 큰아들인데 엄마에게 너무 많이 맞았대요. 어릴 때 엄마가 죽어버리라고 발로 밟으며 때린 기억을 잊을 수가 없다고 하더라고요.

아빠 없이 너무 가난한 삶에 동생 둘과 한국어도 잘 못하는 엄마와 생활하는 건 그냥 딱 죽고 싶은 삶이었다고 하더라고요. 왜 나를 낳았는지 부모가 너무나 원망스러웠고 많이 울었다고 해요. 그래도 자신이 첫째이니 정신차리고 동생들을 키워야 한다고 했어요. 공부도 아주 잘해 선생님들은 모두 대학을 가라고 권유했지만, 가정형편 때문에 대학은 포기하고 바로 취직을 했어요.

상담을 받으며 처음으로 누군가에게 이런 신뢰와 사랑을 받았다며 아이는 울다가 웃다가 눈물콧물 범벅이었지요. 상담 선생님을 만난 건 자기 삶에 너무 큰 위로고 축복이라며 이제는 어떤 상황에서도 선생님이 곁에 계시니 헤쳐나갈 자신이 있다고 하더군요. 대견하기도 하고, 안쓰럽기도 해서 함께 많이 울었지요. 그때 20살이었는데 정신연령은 40살쯤 된 것 같았어요. 지금은 어린 나이에 가족 다 부양하면서 열심히 기술을 익혀 사회생활을 너무나 잘 하고 있어요. 얼마 전 승진했다고 전화가 왔어요. 너무나 대견스러운 아이를 보면서 회복 탄력성에 대해 다시 한 번 생각하는 시간이었어요.

지금 현재 대한민국엔 204개국에서 온 235만의 다문화인들이 살고 있어요. 여러분들처럼 결혼을 해서 정착한 다문화가정들이 35만가구이고 그 2세들만도 20만이 넘어요. 인구의 5%가 넘으면 다문화국가라 하는데, 우리는 아직 5%는 약간 안 돼요. 그렇지만 2018년 유엔에서 한국을 다문화국가로 권고하고 있는 단계예요. 한국은 다른 나라와 달리 매우 빠른 속도로 다문화 사회로 진입했거든요. 다문화가정들은 매우 우수한 강점을 가지고 있어요. 아이들은 태어나면서부터 양국의 나라를 오가기 때문에 자연스럽게 글로벌문화를 받아들이게 돼요.

또 부모 양쪽의 언어를 배우게 되기 때문에 양국의 가교 역할을 할 수 있게 되지요. 저희 집도 저만 빼놓고 카톡방에서는 세 사람이 일본어로 이야기해요. 저만 한국어로 하고요. 타인에 대한 차별이 없고 사람들을 더 넓게 수용하는 수용력이 있어요. 자연스럽게 평화세계를 이루어가는 넓은 마인드를 가지게 되지요.

여러분들의 훌륭한 2세, 3세들이 오바마 대통령처럼 이제는 이 사회와 세계를 이끌어갈 기둥이 될 거예요. 여러분들이 흘린 눈물과 땀이 거름되어 대한민국이 다문화사회의 모범국가가 되고, 세계 사람들을 이끌어나갈 중심국가가 될 거예요. 여러분! 이제는 울지 마세요. 저도 언제나 함께하겠습니다. 사랑하는 여러분! 대한민국에 참 잘 오셨습니다.

IV

가족은
나를 비추는 거울

행복도 전염된다

우리 모두는 행복을 원합니다.

그럼 행복해지려면 어떻게 하면 좋을까요?

내가 기분이 나쁘지 않더라도, 뭔가 우울감이 높고 짜증과 불평불만이 많은 사람 곁에 있으면 에너지를 빼앗기고 지치게 됩니다. "내가 왜 이 사람과 여기 있지?"라는 생각과 떠나고 싶은 마음이 들어요. 그러나 밝고 에너지가 넘치는 사람을 만나면, 덩달아 기분이 좋아지고 에너지가 생기게 되지요. 그것은 바로 감정의 전염성 때문입니다.

우리는 모두 자신의 감정에 책임이 있습니다. 왜냐하면 나를 만난 사람은 무조건 내 기분의 15%정도 영향을 받습니다. 내가 안정적이고 행복한 기분으로 있을 때 나를 만나는 사람은, 나로 인해 기분이 15% 정도 행복해집니다. 연이어 나를 만난 적도 없는 그 사람의 지인은 약 10%정도, 또 그 지인의 지인은 6%정도 기분이 좋아진다고 합니다.

마이너스 기분도 마찬가지예요. 내가 어떤 이유 때문에 기분이 상한

상태에서 지인을 만나게 되면, 그 사람은 나를 만났다는 한 가지 사실만으로도 무조건 15%정도의 감정적인 마이너스를 겪게 돼요. 여러분들이 집이나 직장에서 자신의 감정을 잘 관리해야 하는 이유가 이 때문이지요. 집에 있는 가족들도 이렇게 서로서로 감정의 영향을 받게 되어 있어요. 특히 나보다 힘이 약한 대상이나 아이들은 그 영향을 더 크게 받게 되겠지요? 이것이 감정에 대한 영향력과 책임을 느껴야 하는 이유입니다. 내 감정이니 마음대로 해도 된다가 아니고 우리는 서로 영향을 주고받는 존재들이기 때문에 행복의 권리를 논하기 전에 감정의 책임을 알아야 되지요.

그럼 내 마음이 힘들고 다운되었을 때 가장 빨리 행복해지는 방법은 무엇일까요? 그것은 바로, 나보다 밝은 에너지를 가진 행복한 사람 곁에 머무는 일이랍니다.

몸과 마음의 조화

제가 상담을 하면서 많은 사람들을 만났어요. 아주 어린 아이부터 노인까지 다양한 계층들을 많이 만났어요. 혹시 "나는 불행하고 싶다.", "행복에 관심이 없다." 그런 사람이 있어요? 아무도 없죠! 우리는 다 행복을 원합니다. 그래서 제가 관심이 있는 것은 '어떻게 하면 우리가 행복하게 살아갈 수 있을까?'라는 것이에요.

그러면 우리에게 행복이라는 게 뭘까요? 과연 행복은 무엇일까요? 이건 정답이 없어요. 사람마다 행복을 정의하는 게 다 다르기 때문입니다. 행복이라는 건 굉장히 다양하게 정의를 할 수 있기 때문에, 어떤 뭔가를 '이게 행복이다.'라고 말하기가 어려워요. 그렇지만 그 비밀이 어디 있는지 여러분과 함께 탐험을 해보려고 합니다.

내가 행복이라는 것이 무엇인지를 먼저 알아야, 그 다음에 행복한 내 삶을 선택할 수가 있어요. 그래서 지(知)·정(情)·의(意)라고 있죠. 지(知)는 뭐예요? 먼저 지식으로 알아야 돼요. 그 다음에 정(情)은 느낌으로 깨달아야 하고, 의(意)는 행동하기를 바라는 거예요.

사람을 사랑한다는 것은 가장 행복한 일이지만, 먼저 그 사람에 대해서 알아야 된다는 거예요. 레오나르도 다빈치가 이렇게 멋진 말을 했어요. "사람은 아는 것이 적으면 사랑하는 것이 적다." 너무 멋지지 않아요? 여러분이 "내가 남편이나 아이들을 사랑한다."거나 "부모님 혹은 동료를 사랑한다."거나, 어쨌든 내가 누군가를 사랑한다는 것은 먼저 뭘 해야 할까요? 먼저 알아야 된다는 것입니다.

또 어떤 집안은 뭘 해도 잘되고, 어떤 집안은 뭘 해도 잘 안되는 집안이 있어요. 개인도 마찬가지예요. 거기에는 어떤 비밀이 있을까요? 우리 인생이 잘 풀리고 행복해지려면, 얼마나 빨리 가느냐가 중요한 것이 아니라 내가 어디로 가야 하는가에 대한 삶의 목적지가 정확해야 해요. 인생은 속도가 아니라 '내가 어디를 향해 가고 있는가?' 라는 방향이 더 중요해요.

인생을 뭐라고 생각하시나요? 저는 인생은 여행이라고 이야기하고 싶어요. 그럼 우리가 여행을 가더라도 목적지가 있어야 하죠. 내가 미국으로 가는지, 멕시코로 가는지, 일본으로 가는지, 그 목적지가 분명해야만 그 여행이 내가 원하는 결과를 얻을 수 있다는 거예요. 그런 것처럼 우리 인생을 여행에 비교한다면 어때요? 삶의 목적이 있어야 되겠죠? 그런데 삶의 목적이 뭐예요?

'모든 인간은 불행을 물리치고 행복을 추구한다.'고 합니다. 사실 그게 우리 인생의 목적이죠. 우리가 불행하게 살기 위해 사는 게 아니라, 우리가 살아가는 목적은 행복해지기 위해서 산다는 거예요. 살아가는 삶의 목적을 확실하게 인식해야 돼요. 우리가 살아가야 하는 목적은 '행복을 위한 추구'라는 거예요.

그러면 우리가 언제 행복하냐고요? 웃고 있을 때, 맛있는 거 먹을 때 등 사람마다 다 달라요. 그런데 우리가 언제 평화와 행복함을 느끼느냐면 몸과 마음이 조화를 이룰 때 가장 행복하다는 거예요.

지금 강연에 참가해 있어도 속으로 어젯밤에 남편하고 싸운 것, 시어머니한테 스트레스 받은 것, 그런 것을 생각하고 있으면 행복할까요? 몸과 마음이 분리되어 있기 때문에 행복하지 않아요. 행복한 사람은 몸과 마음이 조화로운 사람이에요. 여러분의 몸이 있는 곳에 합당한 마음이 머무를 수 있을 때, 이게 바로 행복이라는 거예요.

행복한 마음의 영양소

앞에서도 몸과 마음이 조화로운 사람이 건강하고 행복한 사람이라는 이야기를 했지요. 우리 몸에는 필수 영양소가 있습니다. 그러면 우리 마음에도 영양소가 있을까요? 몸이 건강하지 않으면 마음도 건강하지 않아요. 그리고 마음이 건강하지 않으면 몸이 아무리 튼튼해도 그게 행복하다고 느끼기 어려워요. 그래서 몸과 마음은 유기적인 관계이고, 우리 몸에 영양소가 필요하듯이 마음에도 영양소가 필요해요.

첫 번째 영양소는 '자유'예요. 자유의지에 의해서 뭔가를 할 수 있는 사람이 마음이 건강한 사람이에요.

두 번째 영양소는 '유능감'입니다. '나는 뭔가 도전하면 그걸 이루어낼 수 있는 사람이야.'라는 믿음으로 자존감하고도 굉장히 밀접하게 연결됩니다.

세 번째 영양소는 '관계성'이에요. 여러분은 유능하기도 하고 자유도 있어요. 그런데 만약 사람들하고의 관계를 제대로 맺을 수 없는 사람이라면 절대로 건강한 사람이라고 할 수 없어요.

자유, 유능감, 관계성, 이 세 가지 영양소가 잘 구비되어 있는가를 살펴야 돼요. 이런 것들이 우리 몸과 마음을 같이 균형을 잡게 해주는

거예요.

"당신은 누구랑 같이 있을 때 가장 행복합니까?"라는 여론조사에서, 56%가 가족이라고 답했어요. 또 "당신은 얼마나 행복합니까?"라고 물었더니 의외로 많은 사람들이 행복하다고 대답을 했어요. 그 중 가장 행복하다고 느끼는 나이는 40대, 가장 불행하다고 느끼는 나이는 50대였어요. 왜 그럴까요? 40대는 대부분 결혼하고 가정이 안정되거나 직장에서도 안정적인 위치에 있고, 경제적으로도 어느 정도 여유가 있는 사람들이에요. 그런데 50대가 되면 어때요? 대학생 아이들이 있고 정년퇴직을 해야 되고 불안이 높아지고 경제적으로 어려워지겠죠. 그래서 이런 결과가 나오지 않았을까 생각돼요.

제가 관심이 있었던 부분은 이 부분이에요. "어떤 사람이 더 행복할까요?" 당연이 돈이 더 많은 사람이 행복지수가 높을 수밖에 없다고 생각했어요. 그런데 4인 가구 기준 월수입이 300만원도 안 된다고 대답을 한 사람들 중 52%가 행복하다고 대답을 한 거예요. "돈이 많으니까 행복하지. 여유가 있는데 걱정할 게 뭐 있어. 돈 때문에 싸우지." 보통 이렇게 생각하잖아요. 그런데 경제적 수입이 중하위권인데도 52%가 행복하다고 대답한 그 비밀은 어디에 있을까요?

행복의 비밀

1937년에 하버드대학교 2학년 남학생 268명을 대상으로 75년간 삶을 추적 조사했어요. 조사대상자들은 2년마다 신체적 정신적 건강, 결혼생활, 은퇴, 일, 취미생활, 그 외의 생활에 관한 질문지를 작성했어요. 또 5년마다 전문의에게 건강검진을 받으며 대상자마다 간격을 달리하여 대인관계, 경력, 노년기 적응에 관한 심층 면접을 실시했어요.

연구결과, 첫째는 47세 무렵까지 형성된 인간관계가 이후 생을 결정하는데 가장 중요했어요. 둘째는 평범해 보이는 사람이 가장 안정적이며 성공적인 삶을 이룬 걸로 조사됐어요. 셋째는 연구대상자 중 3분의 1은 정신질환을 호소하였고, 넷째는 노후의 행복한 삶을 위해서 고통에 적응하는 성숙한 자세와 교육, 안정적 결혼생활, 금연, 금주, 운동, 적당한 체중 등의 일곱 가지 요소가 필요하다는 것이 밝혀졌습니다.

이 중, 50세에 5~6개 요소를 지니고 있는 사람 106명 중 50%가 80세에 행복하고 건강했습니다. 50세에 3개의 요소를 지닌 사람 중에는 80세에 행복하고 건강한 사람은 없었어요. 이 연구를 통해 성공적인 삶에 가장 중요한 것은 "자신의 삶에 중요한 의미를 가진 사람들과 관계를 지속하는 것"이며 "행복은 결국 사랑에서 얻어진다."고 밝혀냈어요.

이 연구에서 또 몇 가지 특징이 나옵니다. 첫째로 "인간은 언제까지 성장하는가?" 바로 죽을 때까지 성장한다는 거예요. 우리는 죽을 때까지 성장해 간다는 것이 75년간 연구하면서 밝혀진 거예요. 우리는 죽을 때까지 더 나은 삶을 추구하는 존재예요.

둘째는 어린 시절에 사랑을 주고받은 경험이 성격형성에 큰 영향을 준다는 것이 밝혀진 거예요. 이건 일생에 걸쳐 영향을 준다는 거예요. 한 인간의 어린 시절 경험이나 영향은 죽을 때까지 영향을 준다는데, 어떤 영향을 줄까요? 어릴 때 사랑을 받지 못한 사람, 부모하고 애착이 실패한 사람은 어때요? 결혼기간 중 부부가 자주 싸우고 불안정했던 사람들은 70대에 심각한 우울증에 걸릴 확률이 8배가 높았어요. 이 심각한 우울증을 겪은 사람들을 조사했더니, 어린 시절에 부모로부터 사랑을 제대로 못 받았다, 이게 매우 큰 원인이었어요.

또 어머니하고 제일 먼저 애착을 맺어야 아이가 안정감을 갖게 되는데, 그 애착에 실패한 사람은 치매확률이 높다고 나타났어요. 그리고

아버지하고 관계가 나쁜 사람들은 뭐가 문제일까요? 결혼생활이 매우 불행한 걸로 나타났어요. 왜냐면 아버지는 나의 모델이죠. 그렇기 때문에 어떻게 어머니와 자식들을 사랑하는지 배워야 하는데, 아버지가 자식에게 제대로 사랑하는 모습을 안 보여줬기 때문에 그 아들도 사랑하는 방법을 못 배운 거예요.

여러분 배우자 중에서도 사랑을 제대로 전달할 수 없는 사람이 많을 거예요. 그런 사람은 대개 아버지가 굉장히 위압적이거나 권위적이거나 일반통행이거나 이런 걸 보면서 학습했을 가능성이 높아요. 아이 이야기를 잘 들어주고 공감해주고 인정해주는 것에 익숙하지 않다보니까 자기도 어린 시절에 굉장히 싫고 불평불만이 많았지만 자기도 부모의 역할을 제대로 못 배운 거예요.

그러니까 어떤 갈등이 생기면 아버지하고 똑같은 방법으로 해요. 소리를 지르거나 화를 내거나 물건 집어던지거나 부수거나 아버지하고 아주 비슷한 행동을 해요. 그게 좋아서가 아니라 그 상황에서 더 좋은 갈등해결 기술을 못 배운 거예요. 어느새 익숙해진 방법으로 하게 되는 것이 많이 있어요. 그래서 아버지하고 관계가 나쁜 사람은 결혼생활을 불행하게 한다는 데이터가 나왔어요.

알코올과 행복유전자

여기서 또 중요한 사실 하나가 밝혀졌어요. 하버드대학생을 대상으로 한 75년간의 '행복에 대한 연구'에서, 결혼생활의 중요 파괴원인으로 술(알코올)이 꼽혔어요.

우선 알코올 중독은 사회관계성에서 신뢰를 잃습니다. 대부분 직장에서 해고되고, 아내와 싸우게 되고, 아이들에게 악영향을 주는 등 모든 문제가 한꺼번에 생깁니다. 결국은 가정이 파괴됩니다. 그 유명한 하버드대를 똑같이 졸업했어도, 어떤 사람은 알코올중독자로서 피폐한 인생을 산다는 거예요.

알코올이 왜 그런 영향을 미치느냐면 뇌에 대한 비밀 때문이에요. 알코올을 마시게 되면 어때요? 일단 감정을 담당하는 영역에서는 컨트롤이 잘 안 돼요. 화를 많이 내고 폭력적이 되고 감정적이 됩니다. 많은 사고들이 술을 많이 마신 다음에 생겨요. 가정폭력도 마찬가지예요. 물론 술을 한 방울도 마시지 않은 상태에서 가정폭력을 하는 사람도 있지만, 대부분은 술을 마셨을 때 문제가 생겨요. 그게 바로 감정 조절력이 떨어지기 때문에 그래요.

소위 필름이 끊기는, 해마에서 기억을 못하기 때문에 자기가 살인을 해놓고도 기억을 못하는 경우도 있어요. 이런 것들을 볼 때, 알코올이 뇌를 많이 파괴하고 결국은 가정을 해체시키는 주범이 된다고 생각할 수 있어요. 알코올 중독은 불우한 환경과 인과 관계가 많다고 합니다.

그러면 어린 시절에 부모한테 버림받고 시설에서 자라는 등 굉장히 어려웠던 사람들도 많은데, 그런 사람들이 다 불행하게 살아가느냐면 그렇지 않다는 거예요. 굉장히 성공적으로 행복하게 삶을 산 사람도 많다는 거예요. 왜 사람들마다 이런 차이가 있을까를 연구했더니 바로 이런 것들이 밝혀졌어요.

우리의 행복을 결정하는 요소 중에 여러 가지가 있는데, 행복한 사람들은 유전적으로 '행복유전자'를 많이 가지고 있다고 합니다. 아무리 어려운 상황에 떨어지더라도 그 사람들은 자기 마음을 바로 회복하는 힘, 회복탄력성이 높다는 사실이 밝혀졌어요. 그런 유전적인 요인이 50%이고, 나머지 50%는 노력으로 행복지수를 올릴 수 있다는 것입니다. 뇌 과학적으로 연구해서 밝혀진 결과예요.

여러분들 중에 돈도 없고 남편도 일하다가 말다가 하는데도 긍정적

으로 잘 받아들이고 잘 사는 경우도 있어요. 그런데 어떤 사람은 남편이 성실하게 상당한 월급을 꼬박꼬박 갖다 주는데도 늘 불만이 있는 사람이 있어요. 어떤 차이가 있을까요? 바로 유전적인 차이가 있어요.

누구나 마음속에는 이런 행복의 세트포인트라는 하나의 온도계가 있어요. 우리가 아주 추운 겨울날 실내온도를 20도로 맞춰놓으면 어때요? 밖에서 아무리 추워도 안에 들어오면 20도의 온도를 유지하고 있죠. 그런 것처럼 여러분 마음속에도 각자 개인마다 행복의 온도계가 있어요.

그건 유전자, 환경, 배운 경험 등을 통해서 만들어진 여러분만의 온도계입니다. 그럼 나의 행복의 세트포인트는 몇 도로 맞춰져 있는지 한번 생각해보세요. 어떤 사람은 90도, 80도, 30도, 20도, 다 다릅니다. 그렇게 행복의 세트포인트가 만들어지는 원인으로 '유전'과 '노력'이 50대 50으로 나뉜다는 것을 알아야 하겠죠.

그럼 행복의 세트포인트를 올릴 수 있는 방법이 있을까요?

나를 사랑해야 남도 사랑한다

상담을 하다보면 "남편을 사랑하기 힘들어요." "아이를 사랑하기 힘들어요."라고 토로하는 아내들이 있습니다.

본인이 힘들면 그렇습니다. 그럴 때는 먼저 누구를 사랑해야 할까요? 바로 나 자신입니다. 자신의 존재에 대해 있는 그대로 받아들이고 깊이 감사하는 사람들은, 타인들 또한 자연스럽게 사랑할 줄 아는 사람입니다.

사랑의 원리는 이렇습니다. 컵에 물을 계속 부으면 넘쳐서 주변을 적시듯이 사랑으로 충만한 사람은 주변을 사랑으로 물들게 합니다. 그렇기 때문에 본인이 의도하지 않아도 그 향기는 멀리 퍼지게 되어 있어요. 그래서 내가 지치고 힘들 때는 다른 사람을 먼저 돌보려 하지 말고 자신의 감정을 수용하고 육체적 정신적 영적으로 자신을 돌보는 시간이 먼저 필요합니다. 수영도 못하는 사람이 다른 사람이 물에 빠졌다고 무조건 물에 뛰어들면 함께 죽게 되는 것처럼 먼저 자신이 건강하고 힘이 있어야 합니다.

그러려면 나는 누구와도 비교할 수 없는 특별한 존재라는 것을 먼저 알아야 해요. 우리 아들이 감수성이 좀 높아요. 유치원 다닐 때인데 방에 비슷한 조개껍질을 많이 주워다 놓은 거예요. 저는 너무 많고 지저분해서 몇 개만 남기고 청소하면서 다 버렸거든요. 그랬더니 아들이 돌아와 조개껍질이 어디 있냐고 찾는 거예요. 제가 비슷한 거라 몇 개만 남기고 버렸다고 했더니 아들 말이 똑같은 모양의 조개껍질은 하나도 없다는 거예요. 모두 무늬가 다 다른데 어떻게 똑같냐며 우는 거예요. 그때 제가 크게 깨달았어요.

사람도 마찬가지입니다. 우리의 색깔과 무늬와 개성이 다 다른데 우리는 그것을 모르고 일률적으로 기준을 정하곤 합니다. 어떤 사람은 그 기준으로 스스로를 무시하고요. 그렇게 자기를 사랑하지 못하는 사람이 다른 사람을 사랑할 수 있을까요?

그래서 남편과 아이를 사랑하기 힘들다는 사람은 먼저 자기를 돌보아야 합니다. '내가 나를 사랑하지 않고 있었구나, 내가 나를 무시하고 있었구나! 나의 있는 그대로를 인정하고 사랑하지 못하고 있었구나!' 이렇게 반성해야 합니다.

요즘 '자존감'이라는 말을 많이 합니다. 스웨덴의 한 대학에서 조사

를 했는데, '부모의 자존감은 아이에게 그대로 내려가며 거의 일치한다.'고 분석했습니다.

우리 아이가 자존감이 약하면 높여줘야 합니다. 그럴 때 아이의 자존감을 높이려 해야 할까요, 아니면 부모의 자존감을 먼저 높여야 될까요? 아이의 자존감은 부모가 높여줄 필요가 없습니다. 부모가 자신을 있는 그대로 수용하고 사랑하며 자존감이 높아지면, 아이는 그대로 부모의 자존감을 이어받습니다.

자존감, 자부심, 자존심은 서로 비슷하지만 조금씩 다릅니다. 흔히 사람들은 자존심이 상한다고 말하곤 합니다. 우리 남편들 중에도 자존심의 끝판왕들 많지요? 그런데 자존심과 자존감이 어떻게 다른지 알아야 합니다. 자존심은 타인과 나를 비교해서 우위에 서고 싶어 하는 마음입니다. 타인과의 재물·지위·능력 등의 비교를 통해 주로 영향 받습니다. 이는 열등의식의 반영이라고도 볼 수 있습니다. 절대 자존심은 내세울 필요가 없습니다.

그러면 자존감은 무엇일까요? 우선 자존감은 두 가지에 의해서 만들어집니다. 첫 번째로 자존감은 부모로부터 형성됩니다. 태어나서 있는 그대로를 부모로부터 인정받고 사랑받으며 '나는 굉장히 귀하게 존중받는 존재로구나.'라는 자각을 하게 됩니다. 그게 자존감의 뿌리입니다.

그러므로 "네가 형보다 나아.", "너는 동생보다 못해." 이런 비교를 당하지 않고, 아이가 있는 그대로를 사랑받아야 합니다. 그러면 아이들은 내가 굉장히 소중한 존재라는 자각이 생기고 그게 자존감이 됩니다.

가족은 내 소유가 아니다

상담실에는 대부분 부부나 가족 문제 때문에 여성들이 주로 방문합니다. 그리고 남편을, 아이를 이해할 수 없고 너무 화가 난다고 말합니다. 심지어 어떤 엄마들은 '아이 키우는 게 너무 힘들다. 어디 시설에 보낼 곳이 없나?'라며 질문하는 것을 심심치 않게 듣게 됩니다. 도대체 누가 우리를 화나게 하는 걸까요?

우리는 모두 행복하게 살고 싶어 하지만 자신이 행복하다고 자신있게 말하는 사람은 흔치 않습니다. 그 이유가 뭘까요? 삶은 고통을 줄여야 행복해질 수 있어요. 우리 안에 고통을 변환할 수 있는 능력이 없으면 행복을 누리는 것은 불가능하다는 것을 알아야 해요.

많은 사람들이 밖에서 행복을 추구하지만 참된 행복은 우리 안에 있는 것이지요. 부처님께서는 "행복의 가장 기본적인 전제 조건은 자유다."라고 말씀하셨어요. 여기서 자유라는 것은 정치적 자유가 아닌 화, 절망, 질투심, 망상에서 정신적으로 벗어나는 것을 뜻하지요. 이런 정신적 구성물들을 부처님은 '독'이라고 했지요. 여러분들이 누군가로 인

해 마이너스 감정에 지배당하고 있다면 여러분들은 날마다 스스로 독을 마시고 있다고 보면 돼요.

몸과 마음은 유기적 관계이지요. 즉 우리의 몸과 마음은 연결되어 있어요. 그래서 몸이 아프면 마음의 에너지도 떨어지고, 마음이 스트레스를 받으면 병이 생기기도 하지요. 결국 몸과 마음이 조화로운 상태를 유지할 수 있는 사람이 바로 행복한 사람이지요.

자! 여기에 어떤 존재가 있다고 해요. 그게 내 아들이라고 생각해요. 이 아들은 내가 만든 사람일까요? 신의 작품일까요? 우리가 도예가라고 생각을 해봐요. 내가 만든 도자기가 마음에 안 들면 그걸 부숴버릴 권리가 있죠. 창작자이기 때문에 그런 권리를 가지고 있어요. 그런데 내 아들은 나를 통해서 세상에 나왔지만 인격을 가지고 있는 하나의 존재죠. 내가 함부로 할 수 있는 물건이 아니에요. 각자 인격을 가지고 있는 존재를 내가 마음에 안 든다고 부숴버리거나 때리거나 없애버리거나 할 수 없어요.

우리 인간이라는 존재는 물건하고는 달라요. 내 아들은 신이 우리 부부의 인연에 생명을 주셔서 잠시 나에게 맡기신 거예요. 그래서 부모로서 돌보게 하는 그런 관계이기 때문에 물건이 아니라 존재라는 거예요. 그럼 이 아이가 말을 안 듣는다, 마음에 안 든다고 해서 내가 화를 내거나 짜증을 내거나 마음대로 하거나 때리거나 할 수 있는 권리가 있어요? 없어요. 확실하게 없습니다.

내가 이 물건을 만든 작가라면 그건 소유의 개념이 되겠지만, 아이라는 존재, 남편이라는 존재는 내 소유물이 아니에요. 아이는 부모의 소유물이 아니에요.

이 아이가 나와 아무 상관이 없는 옆집 아이라면 어때요? 컴퓨터를 10시간 하든, 지각을 하든, 학교를 안 가든, 친구들과 싸움을 하든, 나를 열 받게 해요? 옆집 아이라면 나를 열 받게 안하죠. 그런데 내 아이가 그랬다면 어떨까요? 화가 나죠. 왜죠?

예를 들어서 병원에서 아이가 바뀌어서 그 옆집 아이가 내 진짜 아이였다는 걸 알았어요. 나와 아무 상관이 없었을 때는 나를 전혀 화나게 하지 않았는데 내 아이라는 것을 알았을 때, 그때부터 내 마음에 안 들면 나를 화나게 하는 거예요.

나는 왜 화가 날까요? "우리 아이가 그러면 안 된다."는 누구의 생각이에요? "그렇게 컴퓨터 게임을 하고 중독자가 되면 안 된다."는 누구의 생각이 있어요? 나의 생각이 있는 거예요. 또 이 아이에 대한 누구의 기대가 있어요? "공부를 열심히 하고 좋은 대학을 가고 좋은 곳에 취직을 하고 결혼도 잘 하고…." 하는 것은 누구의 기대예요? 나의 기대예요.

그리고 다음에 또 뭐가 있어요? "그렇게 하다가는 대학도 못가고, 고등학교도 못가고, 정말 인생의 낙오자가 될 거다."는 누구의 판단이었어요? 나의 판단이에요. 모두가 이 존재의 문제예요? 나의 문제예요? 나의 생각, 나의 기대, 나의 판단이 결국 나를 화나게 하고 있는 거예요.

남편도 내 소유물이 아니에요. 어떤 남편이 알코올중독자로 돈도 안 벌고 문제가 많은 인간이라고 해요. 그런데 이 남편이 옆집 남편이면 나를 화나게 해요? 화 안 나죠. 나하고 상관이 없으니까요. 그런데 내 남편이 그러면 화가 나요. 왜 그래요?

이 남편에 대한, 이 존재에 대한 누구의 생각이에요? "당신은 그렇게 살면 안 돼."라는 누구의 생각이 있어요? 이 존재는 그럴 수도 있고 아닐 수도 있어요. 이 존재는 내 창작품이 아니기 때문에 내가 이것저것 만들 수 없다는 이야기예요. 존재라는 것은 내가 컨트롤을 할 수 없는 대상이에요. 인격을 가지고 있고 나하고는 별개의 존재이기 때문에 내가 마음에 안 든다고 해서 이 사람을 고칠 수가 없어요.

정리하면, 그 사람이 나하고 아무 상관이 없다고 할 때는 화가 나지 않아요. 나와 관계가 있다고 생각하는 순간, 즉 내 남편과 내 아이라는, 내 소유라는 개념을 가져오는 순간 화가 나게 됩니다.

남편이 능력이 있을 수도 있고 없을 수도 있어요. 그건 내가 어떻게 할 수 있는 것이 아니에요. 그런데 "당신은 아빠잖아, 남편이잖아. 그러면 안 되잖아."라는 나의 생각, "적어도 생활비는 갖다 줘야지."라는 나의 기대, "그렇게 있다가는 나는 도망가고 이혼할 거야."라는 나의 생각, 이런 것들이 결국 나를 화나게 하는 거예요. 이런 것을 다 내려놓지 않으면 화나는 감정을 조절할 수가 없어요.

아이가 게임을 많이 하고 있어요. 그럼 어떻게 말해야 돼요? "너 때문에 못 살아. 엄마가 화가 나 죽겠어. 왜 이렇게 게임만 하는 거야."라고 말해야 되겠어요? "아들아, 네가 게임을 너무 많이 한다는 생각이 들어 엄마가 속도 상하고 화가 나네." "네가 컴퓨터 게임을 많이 하면 중독되고 망가진다는 생각이 들어서, 엄마가 걱정되고 불안해." 좀 어렵죠? 그런데 그렇게 말해야 돼요.

내 생각이 나를 화나게 하는 거예요. 이 존재는 그럴 수도 있고, 그러지 않을 수도 있어요. 이 존재에 대한 문제들은 존재 본인이 해결해야 하는 문제들이에요. 그런데 우리가 어떤 착각을 하냐면 내가 화를 내거나 잔소리를 하면 이 사람이 바뀔 거라는 생각을 해요. 그래서 바뀌어요? 안 바뀌어요.

그렇게 해서 바뀌면 우리 남편들을 다 훌륭한 사람으로 만들었을 거예요. 협박과 회유와 공갈과 짜증, 모든 것들을 다해서 바뀌었다면 우리는 아이도 훌륭한 사람을 만들어놨을 거예요. 그런데 사람은 그렇게 해서는 절대로 바뀌지 않아요. 그럼 누가 바뀌어야 돼요? 이 상대에 대한 내 생각, 내 기대, 내 판단을 내려놓는 연습을 우리가 해야 돼요. 가족은 '소유의 대상'이 아니라 '사랑의 대상'이라는 것을 알아야 해요.

남편과 아이보다 나를 바꿔야

우리는 내 생각, 내 기대, 내 판단을 내려놓는 연습을 해야 돼요. "아아, 내가 남편과 아이에게 기대했구나. 아아, 내 기대가 무너졌다고 생각을 하니까 내가 화가 났구나." 이런 자기 자신을 자각해야 돼요. 그렇게 생각하고, 잔소리가 아니고 자기 생각을 전달하는 방법으로 이야기를 해야 돼요.

우리가 화나는 이유는 상대방 때문이 아니에요. 남편이 술을 마신다는 것에 대한 '내 생각' 때문에 내가 화가 나는 거예요. 이 사람은 술을 마실 수도 있고, 안 마실 수도 있고, 많이 마실 수도 있고, 덜 마실 수도 있어요. 그건 이 사람의 행동이니까 내가 주관을 못 해요.

그런데 '당신은 술을 먹으면 안 돼.'라는 내 생각이 들어가는 순간 짜증이 나고 화가 나요. '저런 남편하고는 살고 싶지 않아, 짜증나, 너무 싫어.'라는 내 생각이 내 감정으로 들어오는 거예요. 부부간의 갈등, 시어머니와의 갈등, 애들 싸움, 이런 것들이 우리를 화나게 한다고 생각하지만 실질적으로 '그게 나를 화나게 한다.'고 하는 그 '생각'이 나를 화나게 하는 거예요. 이해가 되나요?

예를 들어서 시어머니가 나한테 잔소리를 많이 한다고 해요. 가끔 보면 모시기 어려운 시어머니가 있잖아요. 그런데 시어머니는 잔소리를 많이 할 수도 있고, 안 할 수도 있고, 그런 성격인 거예요. 그 성격은 우리가 고칠 수 없어요.

그런데 흔히 '시어머니는 나를 열 받게 해. 나를 짜증나게 해.'라고 생각해요. 이 시어머니에 대한 '짜증나게 한다'는 것은 누구의 생각인가요? 바로, 나의 생각이에요. 이 시어머니 성격을 내가 주관할 수 없어요. 객관적으로 생각해서 '아아, 어머니는 성격이 다혈질적이시구나. 그럼 이런 분을 어떻게 상대하면 좋을까?' 이게 건강한 사람의 대응법이죠.

시어머니가 계속 잔소리하고 짜증을 내면 "아아, 짜증나. 저런 시어머니 정말 싫어. 정말 만나고 싶지 않아." 하면서 내가 그 감정 속에 빠져버리면 그건 누구의 문제예요? 나의 문제예요.

시어머니가 너무 힘들게 하면 잠시 떨어져 있던가, 시어머니 기분이 좀 좋아지셨을 때 내 감정을 전달하는 거죠. "어머니, 그렇게 무섭게 야단을 치시니까 제가 너무 마음이 아팠어요. 어머니 제게 조금만 천천히

이야기 해주시면 좋겠어요."

그런데 이건 나의 부탁이에요. 그렇게 해서 시어머니가 그럴 수도 있고 아닐 수도 있어요. 그건 우리가 시어머니를 바꿀 수 없다는 거예요. 그런데 '어머니가 그래서 짜증이 난다.'는 것은 내 생각이에요.

우리는 그 존재를 바꿀 수 없어요. 다만 그 존재가 어떤 행동을 하던 간에 내가 그 존재에 대해서 어떤 대처를 할 것인가, 그것만이 내가 선택할 수 있는 방법이에요.

세상에 내가 직접 바꿀 수 있는 사람은 없습니다. 다만 상대에 대한 나의 프레임을 바꾸고 더 좋은 대처방법을 선택하는 것이 주체적인 삶을 사는 사람의 태도이지요.

가족은 나를 비추는 거울

오늘은 '우리가 누구인가'를 한번 찾아볼까요?

"나는 누구인가?"

여러분 중에는 종교를 가지고 있거나 없는 분도 계실 거예요. 기독교 성서를 보면 하나님은 모든 피조만물을 지어놓으시고 마지막에 하나님의 성상과 형상을 닮은 인간을 창조하셨다고 했어요. 하나님을 닮은 우리가 지금 완전하다는 자부심이 드나요? 불완전하다는 생각이 대부분이죠? 왜 그럴까요? 기독교적 관점에서 보면 우리가 근본을 모른다는 거예요. 내가 누구인지 내 정체성도 모르고 창조주이신 하나님과 나의 근원이 뭔지 잊어버렸다는 것, 곧 무지라는 거예요. 그래서 문제가 생기는 거예요.

하나님은 온전한 당신을 닮은 온전한 인간을 창조했어요. 그리고 우리 인간에게 자율성을 주셨죠. 물론 여러 가지를 주셨지만, '자율성'이

라는 스스로 선택할 힘을 주신 거예요. 창조주로서의 권한을 주신 거죠. 그래서 좀 더 깊이 보면 우리 인간은 자아가 있어요. 신이 원래 우리 인간을 온전하게 창조하셨기 때문에 그 온전성이 지금도 우리 안에 그대로 있어요. 그런데 온전한 내가 있는지도 모르고 살고 있는 거예요.

우리 자아 안에는 보통 무의식이 95%를 차지해요. 의식의 세계는 5%밖에 안 돼요. 의식이라는 것은 내가 생각하고 느끼고 뭔가를 끄집어낼 수 있는 기억을 말하는 거예요. 그런데 무의식이 95%예요. 우리를 행동하게 하는 것, 그것을 조종하는 것은 무의식의 세계에서 해요. 95%의 무의식에서는 내가 이 일생을 어떻게 살아야하는가를 정확하게 알고 있어요.

결국 자아 속의 내 무의식은 우리 삶의 목표가 개성완성이라는 것을 알아요. 내가 지상에서 약 100여 년을 살다가 개성을 완성하고 다시 돌아가는 것이 우리 인생이라는 것을 무의식에서는 알고 있거든요. 그래서 이걸 추진하려는 거예요.

그런데 무의식중에도 가장 깊은 곳에는 그림자라는 것이 존재해요. 이것은 마치 자기 얼굴을 거울을 통하지 않으면 스스로 볼 수 없듯이 상대라는 거울을 통해서만 볼 수가 있어요. 그래서 우리는 살아가면서 내안의 그림자를 비춰주는 나의 거울을 찾게 돼요. 그건 내 무의식이 선택해서 만나는 거예요.

내 그림자를 닮은 상대를 만나 내 안의 문제가 무엇인지 발견하고 그것을 해결해가는 것이 내 자아가 추구하는 길이에요. '내가 이런 모습이었구나.'라는 것을 발견하고 그 깨달음을 통해서 나의 개성을 완성해야 되기 때문이죠. 개성을 완성한다는 것은 다른 말로 표현하면 사랑의 경험을 완성해가는 일이에요. 여러분이 만나는 배우자나 자식, 부모, 주변의 관계는 뭐예요? 특히 나에게 고통을 주는 관계가 뭐냐면 전부 다 여러분의 무의식의 얼굴이라는 것을 알아야 돼요.

"왜 그런 고통스러운 사람이 나의 얼굴인가?", "나하고 남편은 전혀 성격도 다른데 내 얼굴이냐?"라고 할 수 있어요. 그것은 보이는 부분을 말하는 것이 아니에요. 우리 안에 있는 그림자는 여러분의 잘못 때문에 생기는 것이 아니에요. 우리가 선조로부터 쭉 그 인연을 통해서 내게 올 때까지 쌓여온 쓰레기 같은 것이에요. 그게 내 잘못은 아니지만 누구나 자기가 해결해야 하는 쓰레기의 양이 있어요.

한마디로 말하면 그게 내 그림자인데, 그게 너무 깊이 들어가 있고 얼굴처럼 스스로를 볼 수 없기 때문에 반드시 이 생애에서 나의 문제를 비춰줄 거울을 찾게 돼요. 그게 우리가 뗄 수 없는 가족 관계에서 많이 온다는 거죠. 그래서 나를 고통스럽게 해요. 남편을 통해서, 자녀를 통해서, 부모를 통해서 '내게 이런 문제가 왜 생겼을까?'라며 끊임없이 고통을 느끼는 거죠.

언제까지 느낄까요? 이게 '이 사람이 보이는 문제 행동들이 내 무의식의 얼굴이었구나.', '내가 이것을 사랑하고 받아들이고 수용하지 않으면 이 문제는 해결하지 못하는 거구나.', '이게 남편의 문제가 아니라 나의 무의식 속 내 그림자였구나.' 이것을 깨달을 때까지 여러분에게 고통이 오는 거예요. 그걸 알아야 돼요. 상대는 내 무의식을 비춰주는 고마운 거울임을 알아야 해요.

V

사랑은 접촉이다

진정한 사랑은 존중

여러분도 그렇지만 남편들이 하는 모든 행동들이 갑자기 생긴 게 아니에요. 어린 시절에 부모와의 관계성, 어린 시절의 많은 상처들이 지금 나타나는 거예요. 그 사람의 어린 시절, 가정의 문화, 부모와의 관계, 그 사람이 겪었던 아픔과 상처, 이런 것들을 마음 깊이 이해 못하면 그 사람을 사랑할 수 없어요.

이 사람이 왜 술을 먹는지, 왜 도박을 하는지, 왜 집에 들어오지 않고 겉돌아 다니는지, 왜 사람만 만나면 싸우게 되는지, 왜 이렇게 책임감이 없는지, 아무리 머리로 이해하려고 해도 이해가 안 되지요. 그건 다 여러분 배우자의 어린 시절의 상처가 걸려있는 거예요.

그런데 그 배우자도 자기 상처를 알까요? 모를까요? 거의 대부분 다 몰라요. 자기에게 어떤 상처가 있는지 전혀 몰라요. 그런데 그 아픔이 무의식중에 나의 행동을 지배하고 있기 때문에 이상한 행동, 이해 안 되는 행동을 하는 거예요. 그래서 우리는 공부를 해야 돼요. 나에 대해서, 배우자에 대해서, 아이에 대해서, 관계에 대해서…. 아시겠죠?

여러분 자녀들이 결혼을 하게 됐을 때 꼭 두 가지를 물어봐야 돼요. 그 사람을 사랑하는 마음이 있는지, 그 사람에 대해서 애정이 느껴지는지 물어봐야 하고요. 그것보다 더 중요한 것은 그 사람을 존중하는지 물어봐야 돼요. 존중이라는 것이 뭐예요? 그 사람을 나와 별개의 존재로서 있는 그대로 수용하는 거예요. "아아, 이 사람의 입장에서는 그럴 수도 있겠구나."라고 인정해야 합니다.

여러분, 남편을 사랑하나요? 남편을 존중하나요? 존중 안하는 사람들이 너무 많아요. 존중이라는 것은 내 입장에서 그 사람을 바꾸려고 하는 행위가 아니에요. 나와 전혀 다른 별개의 존재로써 그 사람을 수용하는 마음이 존중이에요. 그런데 존중이 안 되면 남편을 무시하게 돼요. 더 심한 것은 경멸하는 거예요.

"능력도 없는 주제에, 아빠 노릇도 못하는 주제에, 잘난 것도 없는 주제에…." 이런 마음을 가지고 있다면 여러분은 남편을 존중하는 사람이 아니에요. 여러분이 남편을 존중하지 않는 한 우리아이들은 존중하는 것을 배우지 못해요. 왜냐하면 아이들은 좋은 것도 안 좋은 것도 그대로 우리를 닮아가요. 여러분은 좋은 것만을 배우기를 원하지만 안 좋은 것을 훨씬 많이 배우고 깊이 각인되어 오랫동안 상처로 가지게 돼요.

존중하는 마음이 바탕에 없다면 진정한 사랑은 있을 수가 없어요. 사랑한다고 해도 그건 착각하고 있는 거예요. 그래서 사랑보다 상위의 개념이 존중이에요. 그 사람을 존중하지 않으면 절대로 사랑할 수 없어요. 이걸 꼭 아셔야 되고, 사랑보다 먼저 '상대를 나와 다른 존재로서 존중하는 마음, 그 마음이 준비되어 있는가!'를 자녀들에게도 이야기를 해줘야 돼요.

사랑은 동사다

여러분! 아이들은 어때요? 특히 막내 아이는 어때요? 안아주라는 말을 안 해도 매일 안아주죠? 그런데 큰 아이는 어때요? 잘 안아줘요? 왠지 큰 아이는 엄마한테 잘 안기지 않아요. 왜 그럴까요? 큰 아이가 오기 전에 언제나 동생이 먼저 엄마한테 달려가 있어요. 그래서 큰 아이들은 언제나 눈치를 봐요. 엄마가 싫은 게 아니라 늘 동생들이 엄마한테 먼저 가서 안기기 때문에 자기가 안길 타이밍을 못 맞춰요. 항상 양보하다 보니까 늘 마음이 외로워요.

그래서 제가 순서를 정하라고 했죠? 누가 1번이에요? 제일 큰 아들, 그게 누구예요? 남편이죠. 그 다음에 첫째 아이, 그 다음에 둘째, 셋째 이렇게 차례차례 안아주는 거예요. 막내부터 안아주면 안돼요. 안 그러면 큰 아이들은 엄마한테 안길 기회가 없어요. 그리고 사춘기가 되면 엄마한테 안 안겨요. 그래서 그렇게 순서를 정해요.

우리는 친밀감을 형성하기 위해 노력을 해야 되고, 그 노력의 가장 중요한 점이 접촉이에요. 여러분, 접촉하지 않은 것은 사랑이 아니라고 보면 돼요. 말로만 "사랑한다."고 하는 것은 허무한 소리예요. 말로서 하는 것은 사랑이 아니에요. 사랑은 동사예요. 움직이는 것, 행동이에요. 행동하지 않는 건 사랑이 아니에요.

내가 남편을 위해 맛있는 식사를 만들어주는 것, 따뜻하게 안아주는 것, 남편을 위해 마사지를 해주는 것, 남편에게 사랑이 담긴 문자를 보내주는 것, 이렇게 내가 하는 행동만이 사랑이에요. 마음속에 가지고만 있는 것이 사랑이 아니에요. 내 행동이 표현이 되어 그게 상대한테 전달됐을 때 그것만이 사랑이에요. 여러분, 사랑은 어려운 게 아니에요. 그 사람을 위해서 내가 뭔가 마음을 내서 행동화하는 거예요. 행동하지 않는 것은 사랑이 아니에요.

여러분 마음속으로 "우리 아이 사랑하는데요."라고 생각할지 모르겠지만 그렇다고 해서 아이가 사랑을 느끼는 것이 아니에요. 아이를 위해 뭔가 하는 행위, 안아주는 것, 오늘 학교 잘 다녀왔냐며 수고했다고 말해주는 것, 눈 맞추고 이야기를 잘 들어주는 것, 이런 것이 사랑이에요.

"사랑은 행동이다. 사랑은 접촉이다. 사랑은 동사다." 그리고 그게 친밀감을 형성하는 행위예요. 그렇게 해서 친밀해지면 열정도 생겨요.

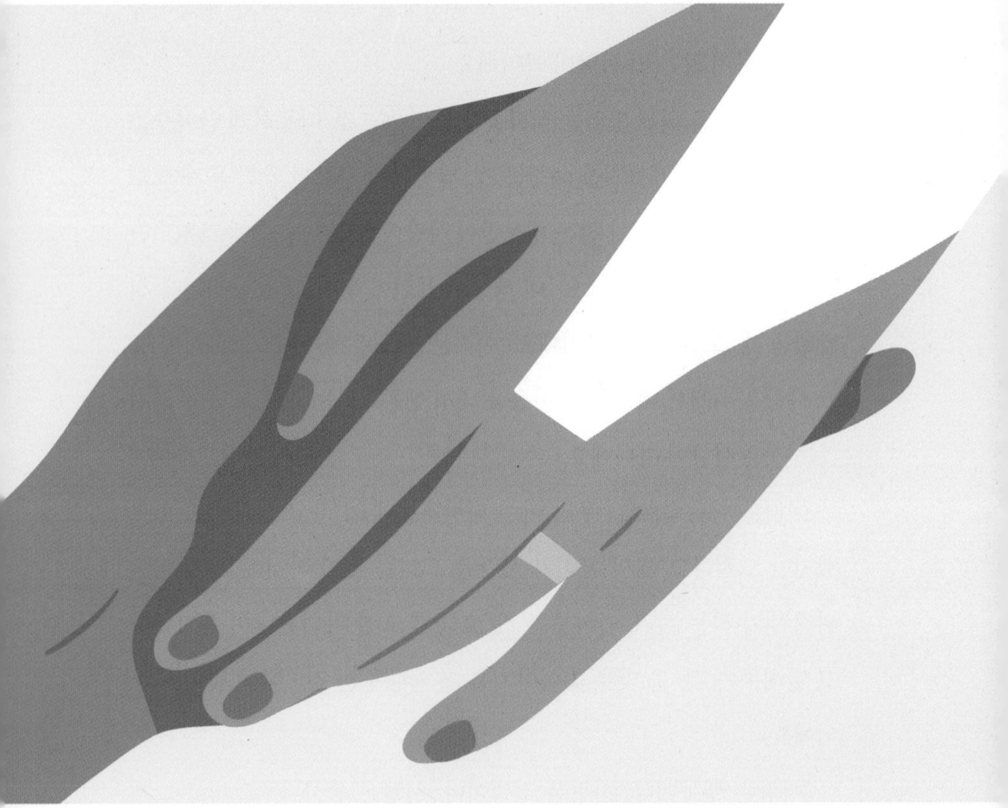

물론 처음 만난 것 같은 미친 열정은 아니지만, 그 사람에 대한 열정이 생기게 되어 있어요. 그렇기 때문에 그 열정은 친밀감과 책임감으로 하나가 되면서 부부가 평생을 함께 걸어가는 힘이 되는 거예요.

우리가 사랑의 다섯 가지 언어를 배웠지요? 그 모두가 사랑이에요. 하지만 저는 개인적으로 사랑의 핵심은 '접촉'이라고 봐요. 부부든 자녀든 접촉하지 않은 사랑은 마음이 깊이 흐르기가 쉽지 않아요.

사랑의 핵심은 세가지.
부드러운 눈빛의 접촉
존중하는 언어의 접촉
따뜻한 피부의 접촉

사랑은 '접촉'이다. 꼭 기억해 주세요.

분명히 표현해야 사랑이다

사랑한다면 사랑을 표현해야 돼요. 부드러운 눈빛으로 얼굴을 바라봐주고, 귀 기울여 이야기를 들어주고, 따뜻하게 손을 잡아주고…. 행복의 핵심 중의 핵심은 스킨십, 접촉이에요. 그런데 여러분이 남편을 사랑한다면서 접촉하지 않는다면 마음이 흐르기가 어려워요. 사랑한다면서 손도 잡지 않고 안아주지도 않는다?

여러분, 아이들이 어렸을 때는 어때요? 안아주잖아요. 그게 사랑이에요. 그런데 부부의 사랑은 아이를 낳고 사랑하는 것과는 달라요. 그냥 생기는 게 아니에요. 부부간의 사랑은 시간이 지나면서 노력이고 의지예요. 상대가 원하는 것을 맞춰주려고 노력하는 의지가 없으면 사랑은 점점 소멸되고 매너리즘에 빠지게 돼요. 상대의 눈을 바라봐주려고 노력하고, 그 사람의 손을 잡아주려고 노력하고, 그 사람의 이야기를 들어주려고 노력하는 그 행동이 바로 사랑이에요. 사랑은 접촉이고 사랑은 의지예요. 사랑은 같이 있다고 생기는 게 아니에요. 남편은 내가 낳은 아들이 아니기 때문이에요. 아시겠죠?

작가 스탕달(Stendhal | Marie Henri Beyle)은 이런 말을 했어요.

"사랑에는 한 가지 법칙밖에 없다, 사랑하는 사람을 행복하게 해주는 거."

그러면 남편의 스킨십이 사랑의 언어예요. 자꾸 나를 만지면 어때요? 충분히 나를 만질 수 있게 마음과 몸을 열어주는 것, 그게 사랑이라는 거예요. "귀찮아. 그만 좀 해." 그러면 어때요? 그 사람은 사랑을 계속 차단당하는 거예요. 스킨십이 남편의 사랑의 언어예요. 그렇기 때문에 내가 먼저 가서 만져주고 사랑해줘야 돼요. 그게 사랑의 핵심이에요. 사랑은 접촉이고 사랑은 의지예요. 그런 것을 여러분이 하다보면 아무리 행복하지 않으려고 해도 행복하지 않을 수가 없어요. 검증된 거예요.

살아있는 모든 것은 사랑이 필요해요. 인간뿐만이 아니라 식물이나 동물이나 모든 생명이 있는 것들은 다 사랑을 원해요. 콩나물도 "사랑한다."고 한 콩나물과 "미워, 나쁜 놈, 못됐어." 하는 콩나물하고는 성장 속도가 다르다고 해요. 몇 년 전 KBS방송국에서 한글날 특집으로 '말

의 힘'에 대한 실험을 했어요. 똑같은 밥통에서 지은 밥을 두 군데 퍼서 같은 장소에 놓았어요. 그 하나에게는 좋은 말을 써서 붙이며 매일 "고맙다. 사랑해." 등의 말을 하고, 한곳에는 "미워! 싫어!" 등 나쁜 말을 붙이고 나쁜 말을 하게 했어요. 4주후 어떻게 됐을까요? 모든 실험 참가자들에게 똑같은 현상이 일어난 거예요. 사랑해라고 했던 밥은 하얗고 뽀얀 누룩곰팡이가 생겼지만, 미워 싫어 등 나쁜 말을 한 밥은 시커멓게 썩어버렸어요. 실험참가자들도 모두 너무 놀라게 됐지요. 밥도 그러한데, 생명이 있고 감정이 있는 사람은 어떻겠어요?

그래서 여러분이 아이한테나 남편한테 미워하는 마음, 미워하는 눈빛, 미워하는 말투를 쓰면 생명이 죽어버려요. 우리는 에너지로 연결된 존재들이기 때문에 그 파동이 서로에게 영향을 미치는 거예요. 늘 "예쁘다, 사랑한다, 고맙다, 감사하다." 이런 긍정적 단어를 항상 습관적으로 사용해야 돼요. 제일 중요한 것은 여러분들이 그 중에서 가장 아름답다는 것을 알아야 돼요. 여러분들은 아름다운 사람입니다. 여러분들은 보석 중의 보석이죠. 그게 자존감의 기본 뿌리예요. 그걸 아이들한테도 가르쳐야 돼요.

"내가 세상에서 제일 소중한 사람이다."라는 자기 확신이 있어야 돼요. 모든 것은 그런 자존감에서부터 타인을 사랑할 수 있는 능력이 생겨요. 자기도 사랑하지 않는 사람이 배우자를 사랑할 수 없어요. 아이도 충분히 사랑할 수 없어요.

나를 가장 먼저 인정하고 사랑해야 돼요.

아이들한테도 항상 그렇게 이야기해주고 자기 자존감의 바탕을 만들어 갈 수 있게 해줘야 돼요. 많이 사랑하고 사랑을 많이 표현하기를 바랍니다.

사랑은 접촉이에요.

눈빛에 대한 접촉, 피부에 대한 접촉, 언어에 대한 접촉, 이게 사랑의 세 가지 핵심이에요. 사랑한다면서 눈을 마주치지 않는 것은 사랑이 아니에요. 사랑한다면서 피부를 만져주지 않는 것은 사랑이 아니에요. 사랑한다면서 말하지 않은 것은 사랑이 아니에요.

말하는 것은 나의 책임, 선택권은 상대에게

남편과의 문제, 아이와의 문제, 시어머니와의 문제 등 그 고통스러움이 내 문제라는 것을 내가 깨닫고 이해할 때까지 고통은 계속 오게 되어 있어요.

여러분, 언제 인정하실래요? 죽기 전에 인정할 거예요? 나를 고통스럽게 하는 그 사람은 나의 문제를 비춰주는 거울일 뿐이에요. 내 무의식 속에서도 제일 밑바닥에 있는 가장 아픈 내 문제를, 내가 이 세상에 사는 동안 이해하고 사랑하고 수용해야 한다고 그 상대방이 거울처럼 비춰주는 거예요. 그걸 언제 받아들일지는 여러분이 선택하세요. 다만 받아들이는 시기가 늦어질수록 여러분에게 오는 고통이 계속된다는 것을 아셔야 돼요.

남편이나 아이들이 보여준 많은 문제들이 그 상대방 문제일 것 같지만 사실은 내 문제입니다. "아아, 이게 바로 내 문제였구나. 내 문제를 보여주기 위해서 내 인생의 거울로서 와준 고마운 사람이었구나.", "당신은 원수가 아니라 나를 도와주기 위해 와준 고마운 사람, 나의 수호

천사였구나." 그걸 깨달았을 때 이 문제가 해결되는 거예요. 수용하고 사랑하고 받아들이려고 내 마음을 바꿔봤을 때 조금씩 개성이 완성되어가는 거예요. 그러면서 사랑의 경험을 완성해가는 거예요.

그런데 이 문제를 받아들이지 못하고 자기문제인지 모르고 계속 남편문제, 아이문제라고 오해하고 있으면 어때요? 그것을 깨달을 때까지, 또는 죽을 때까지 계속 고통이 오는 거예요. 이런 깊은 원리의 뜻을 이해를 못하기 때문에 항상 괴로운 거예요.

그래서 여러분이 해야 하는 것이 뭐냐면, 여러분이 원하는 것을 상대방에게 이야기하는 것은 여러분의 책임이에요. 예를 들어 남편이나 아이들한테 "당신이(네가) 이렇게 해줬으면 좋겠어." 이렇게 말하는 것은 나의 책임이에요. 그런데 우리가 화를 내는 것은, 내가 말을 했는데 왜 안 듣느냐는 것이거든요. 상대방은 그 말을 들을 수도 있고 안 들을 수도 있어요. 그건 상대방의 선택이에요. 우리가 언제나 화가 나는 것은 상대방이 해야 될 선택까지 내가 주관하려고 하기 때문이에요.

여러분이 할 수 있는 것은 내가 전달하고 싶은 말을 긍정적인 언어로 상대에게 잘 전하는 일이에요. 내말을 듣고 상대는 그것을 들어 줄 수도 있고 아닐 수도 있다는 것을 인정해야 해요. 그걸 인정 못할 때 우

리에게 고통이 오는 거예요.

다 자기가 옳다고 생각하거든요. 세상의 모든 사람들은 다 자기가 옳아요. 모두 자기가 주체고 자기 관점에서 보기 때문에, 남편은 남편대로 자기가 옳고, 아이는 아이대로 자기가 옳아요. 나는 나대로 내가 옳아요. 우리 모두가 나만 옳다고 착각해요. 그래서 싸움이 나고 이해가 안 되고 화가 나는 거예요. 그래서 원하는 것을 말하는 것은 내 책임이지만, 그걸 선택하는 것은 상대방이라는 것을 분명히 아셔야 돼요. 이것을 잘못 이해하면 여러분들은 매일 화가 나요.

그러면 "말해도 그 사람이 안 들어주면 어떻게 해요?" 이런 고민이 생기잖아요. 그건 그 사람이 잘 들어줄 수 있도록 내가 다른 방법을 연구해야 되죠. 그게 여러분들의 성장이에요.

내가 원하는 것을 말하는 것은 나의 책임이에요. 그러나 선택권은 상대에게 주어야 해요. 그게 존중이에요.

초점을 맞추며 살고 있는가

내가 말하고 싶은 것을 말하는 것은 나의 자유이자 책임이지만, 내가 말을 했다고 상대방이 무조건 내말을 들어줘야 된다고 착각해서는 안 돼요. 들어줄 수도 있지만 못 들어줄 수도 있다는 것을 인정하는 것, 그게 존중이에요.

내가 말을 해서 그 사람이 들어주면 고맙지만, 그 사람이 거부할 권리도 있다는 것을 여러분이 아셔야 돼요. 그게 바로 존중하는 삶이에요. 존중은 다른 것이 아니에요. 그 사람의 선택권을 인정하는 것이에요. 그런 관계가 됐을 때만이 건강한 관계가 될 수 있어요.

저는 우리가 세 가지 생애를 산다고 봅니다. 먼저 태내에서 10개월을 살아요. 그런데 이 태내의 삶은 그곳을 위한 삶이 목적이 아니에요. 아이들이 건강하게 잘 태어나서 행복하게 살기를 바라는 부모의 마음이기에, 엄마들이 임신을 하면 좋은 것을 먹고 좋은 것을 보고 좋은 말을 쓰고, 정성들이고 기도하고 하잖아요. 그건 태내 때문에 그런 것이 아니죠. 지상에서 약 100여 년 동안을 건강하고 행복하게 살도록 부모로서 최선을 다해서 정성을 들이는 거예요.

그런데 지상생활 100년으로 끝난다고 생각하는 사람도 있지만 사후세계를 믿는 사람들도 있지요? 그건 사실 아무도 몰라요. 그것은 본인의 믿음에 관계된 문제이기 때문에 누구의 주장이 옳다 그르다 할 수 없어요. 하지만 대부분의 종교에서는 영계가 있다고 믿어요. 죽음 후에 영계가 있다고 믿는 사람들은 영계는 사랑이 공기로 되어 있는 세계라고 해요.

우리가 지상에 사는 동안 관계 속에서 사랑의 경험을 완성해 행복하게 살다가 그대로 체(体)를 벗고 영계로 가는 거예요. 영계에서는 사랑을 만들어 낼 수가 없는 곳이라고 했어요. 영계에 가면 사랑이 공기로 되어있어서 우리가 사랑의 경험을 못하고 거기에 가면 호흡을 못 한다고 합니다. 공기가 없으면 죽잖아요. 그래서 죽을 것 같은 고통이 들기 때문에 바로 자기가 지옥을 알아서 찾아간다는 거예요.

여러분은 어때요?
여러분의 삶의 목적은 무엇인가요?

우리는 '사랑의 경험을 완성하기 위해' 지상생활을 하고 있어요. 그걸 정확히 알아야 돼요. 우리가 어딘가에 가야 한다는 것은 아는데 그 목적지를 모르면 도달할 수 없지요? 아무리 일찍 일어나 빨리 출발해도 목적지를 모르면 다다를 수 없어요. 우리 삶도 똑같다는 거예요. 우리가 살아갈 목적을 정확하게 모르면 여러분은 계속 헷갈려서 살게 됩니다. 계속 돈이 문제인 줄 알고, 아이가 문제인 줄 알고, 신앙인들은 교회생활이나 기도생활이 문제인 줄 아는데 그게 아니에요. 그것도 중요하지만 그것을 하는 모든 목적의 귀결점이 뭐냐면, 사랑의 경험을 완성하는 거예요.

그럼 여러분이 매일매일 체크해야 하는 것이 뭐냐면, 내가 하고 있는 모든 행위가 사랑을 향하고 있느냐는 것입니다. 내가 남편에게 밥을 해주면서도 사랑을 향하고 있는가, 아이가 오면 내가 사랑으로 보고 있는가, 성적으로 아이로 보고 있지는 않은가, 내 삶의 모든 언행들이 사랑에 초점을 맞춰서 살고 있는가, 그걸 늘 체크해야 돼요.

우리가 사진을 찍을 때도 아무렇게나 찍으면 사진이 잘 안 나오잖아요. 초점을 정확하게 맞춰야하는 것처럼 우리가 사는 목적이 정확해야 돼요. 우리가 지상생활을 하는 목적을 확실하게 알아야 돼요.

사랑의 경험을 완성해가는 것이 삶의 목적이에요.

그래서 우리가 하는 모든 행동이 사랑에 가 있는가를 체크하셔야 됩니다. 그런 자기 체크, 그것이 성장하는 삶이에요.

VI

내 안의 거인 깨우기

꿈은 절망 속에서 싹튼다

상담을 하다 보면 가끔 질문을 받을 때가 있어요. 선생님은 언제부터 상담사가 되고 싶으셨어요? 어느 날, 내가 언제부터 상담사가 되고 싶었나? 기억을 더듬어봤어요.

힘들었던 유년 시절 어려운 일들로 가세가 기울었을 때 자식들 교육을 위해서라도 이사 오라는 이모들 말을 듣고, 우리 집은 해남에서 광주로 이사를 했어요. 빈손으로 올라온 우리는 임시거처처럼 지어진 집에 들어갔어요.

어느 날 아버지는 마지막 몸부림처럼 새끼돼지 100여 마리를 사 오셨어요. 남의 논을 빌려 약간의 농사를 짓고 돼지를 키우며 근근한 생활을 하고 있었지만, 생활은 궁핍함 자체였고 어린 나이였지만 부모님께 돈 달라는 말이 입에서 나오질 않았어요. 생각다 못한 나는 부모님 몰래 초등5학년 남동생과 새벽 신문배달을 시작했어요. 나중에 부모님이 아셨어도 뭐라고 할 수 있는 상황이 아니었기에 그렇게 첫 아르바이트가 시작됐지요.

돼지 사료가 없어 하교 후에는 동생과 빨간 큰 고무통을 리어카에 싣고 잔반을 걷으러 다니는 게 큰 일과였어요. 예민한 사춘기 시절, 비포장도로에 출렁거리는 구정물이 옷과 몸에 튀어 풍기던 냄새는 지금도 기억나는 슬픈 추억이에요. 방학 동안에는 조금이라도 돈을 벌기 위해 가까운 목걸이 공장에 가서 구슬 끼우는 알바를 했던 것도 생각나네요.

그렇게 처절히 중학생으로서 사춘기 시절을 보냈지만 안타깝게도 집안이 너무 어려워 고등학교 진학을 할 수 없는 상황이었어요. 그때 안타까워하시던 선생님께서 '○○여실고'라는 방직회사 야간학교를 추천해주셨지요. 내 인생 마지막 고등학교에 갈 기회였기에 반드시 합격해야만 했어요. 그런데 문제는 합격기준이었어요. 일하는 것이 목적인 회사에서 채용기준은 키가 155센티가 넘어야 했던 거예요. 그때 내 키는 151센티밖에 되지 않았어요. 나에게는 이것이 마지막 기회라는 절박한 생각에 밤새 고민하며 어떻게 키를 높일까 궁리하다 양말 밑에 헝겊 천 조각을 말아 꿰맸어요. 지금 생각해도 그때의 간절함과 발칙함을 생각하면 웃음이 나오네요.

다음 날 쿵쾅거리는 가슴을 안고 도둑질하다 들킨 아이처럼 키를 쟀

을 때, 아뿔싸! 밤새 고생한 보람도 없이 내키는 153센티밖에 되지 않은 거예요.

그때의 절망감이라니…. 삶의 빛들이 하나씩 꺼지고 어두운 터널 속에 길을 잃은 느낌이었지요. 어린 마음에 내겐 더 이상 희망이 없다는 생각에 내 삶을 마감하려는 결심도 했지만, 아직은 더 살아야 할 이유가 있었던지 다행히 지금까지 살고 있네요.

이후 집안에서 입 하나라도 덜어야 했기에 천안에 있는 사촌언니 집에 연락해 무조건 찾아갔지요. 언니집도 방 한 칸에 아이가 세 명이라 하루를 신세지고, 내가 일할 수 있는 공장이 있는지 물어물어 찾아다니다 기숙사가 있는 작은 방직공장에 12시간 주야근무를 시작하게 됐답니다.

그곳에서 우연히 어떤 모임에 대타로 참석했다가 운명의 스승을 만나게 됐지요. 나는 누구인가! 나는 앞으로 어떻게 살아야 하나? 어떻게 사는 것이 올바른 삶일까! 수없는 질문과 고뇌 속에 자기 정체성에 대한 고민을 하고 있었을 때 그분과의 만남은 내 인생의 한줄기 서광이었지요.

이후 회사를 그만두고 오갈 데가 없을 때 그분이 어느 사장님 댁에 일을 도와주는 사람을 구한다며 먹고 잘 수 있으니 가보겠냐고 했어요. 존경하는 분의 추천이니 믿음을 갖고 그 집에 일하는 사람, 지금 말로 하면 가사도우미가 된 것이지요. 그때 제 나이는 겨우 17세였어요.

주인집 아주머니의 성격이 괴팍하고 특이해서 일하는 사람들이 한 달을 넘기기 힘든 집이었어요. 지금 생각해 보니, 그분의 운명도 참 안 되었다 싶어요. 그분은 그 집에 네 번째 엄마였어요. 사장님은 너무도 인품이 좋은 분이셨지만 처복이 없었는지 첫 아내는 북한에 두고 넘어오고, 둘째 아내는 병으로 돌아가고, 셋째 아내는 아들 하나를 낳고 다른 남자와 집을 나갔다고 하더라고요. 지금 생각해보면 먼저 두 엄마가 낳은 자식들과 본인이 데려온 자식, 한참 사춘기를 맞는 아이들이 여럿 있는 복잡한 가족관계에서 스트레스가 적지 않았으리라 생각이 돼요.

그 댁의 아이들은 착했지만 그래도 그분 입장에서는 많이 힘드셨을 거예요. 그분은 말본새가 별로 예쁘지 않았어요. 하는 말 마디마디 아픈 가시가 돋고 상대를 비아냥거리고 무시하고 경멸하는 말투는 어린 내가 참아내기가 참으로 아픈 경험이었지요. 더 슬픈 건 이 환경에서 탈출할 수도 도움 받을 곳도 없는 암담함이었어요. 마치 묶여있는 강아지와 같은 신세였죠.

그때 그 분의 인격적 모독을 수없이 견디면서 한 가지 결심을 했어요. '나는 절대 저런 사람이 되지 말아야지.' 수없이 되뇌며 어떻게 살아야하나 울고 또 울었던 기억이 나요.

그러던 어느 날 청소를 하며 신문을 치우다 수백 개의 일단짜리 광고 중 하나가 내 눈에 들어왔어요. '전문카운슬러 양성 교육생 모집'과 전화번호 한 개, 그것을 본 순간 '아! 이거다.' 하는 생각이 빛처럼 들어왔지요. 빗자루를 집어던지고 바로 전화를 걸었어요. "이 교육을 받으려면 어떻게 해야 하나요?" "4년제 대학을 나오면 받을 수 있습니다." 다시 절망의 나락으로 떨어진 느낌이었어요. 4년제 대학 졸업이라니! 나는 중학교도 겨우 졸업했는데….

내가 공부를 하고 싶다는 소망을 이야기했더니 그분은 온갖 비웃음을 담고 아프게 한마디 하더라고요. "주제파악을 해라. 꼴값을 떨고 있다. 공부는 무슨 공부냐! 송충이는 솔잎을 먹고 살아야 한다. 네 꼬락서니를 생각해라." 40년도 더 지났지만 지금도 마음이 아프네요.

한참을 마룻바닥에 주저앉아 서러운 눈물만 흘리다 결심했지요. "그래! 난 언젠가 꼭 이 공부를 할 거야. 사람에게 이렇게 아픔을 주는 사람이 아니라 힘이 되어주는 사람으로 살 거야." 그렇게 눈물을 훔치며 입술을 깨물었을 때 민들레 씨앗 같은 꿈씨 하나가 내 가슴에 날아와 안겼던 것 같아요.

그로부터 10년이 지난 후 홀로 몸부림치며 부대껴오다 드디어 상담 공부를 할 수 있는 자격을 갖추게 됐지요. 어느 날 밤 누워서 가만히 생각해보니 경험해왔던 직업(?)만 21개였어요. 밑바닥의 밑바닥을 헤매었던 삶, 그렇게 질경이처럼 밟히며 질기게 살아온 이유는 오늘 나보다 더 아픈 영혼들의 영혼 너머까지 위로하고 사랑하라는 더없는 축복임을 깨닫게 됐지요.

결국 오늘날 나를 이 자리로 인도해주신 분은 내 삶의 가장 아픈 자리에서 내게 상처를 주셨던 그분이 '반면교사'요, 은인이셨지요. 40년 만에 나보다 한 살 위였던 그 사장님 댁 딸이 어느 날 미국에서 전화를 주었어요. 어디선가 내 소식을 들었다며 반가워하는 목소리였어요.

전화기 너머로 반가움과 놀라움이 실린 목소리로 "그때 우리 집에서 일하던 네가 맞냐고! 그때도 넌 참 대견했는데 역시 대단하다."며 기뻐해주는 언니가 참으로 고마웠지요. 아버지 돌아가신 후 새엄마와는 완전히 연락을 끊고 산다며 전화기 너머 들려오는 목소리에 보고싶다며 그리움이 묻어났어요.

돌아보면 내가 카운슬러가 된 동기는 내게 가장 상처를 준 사람과는 다른 사람이 되어야겠다는 결심 하나 때문이었어요. 상처는 우리를 거듭나게 하고, 결핍은 성장의 동력이 되지요. 세상에 버릴 경험은 없어요. 모든 경험은 내 삶에 자원이 된답니다. 삶은 그 상황을 해석하고 받아들이는 태도와 선택의 문제이지요.

말은 부메랑이다

마크 트웨인(Mark Twain)은 "나는 한 번 칭찬을 받으면 두 달 동안은 잘 지낼 수 있다."고 말한 적이 있어요. 그의 말대로라면 일 년에 여섯 번 칭찬을 받으면 사랑의 탱크는 정상적인 수준을 유지할 수 있겠지요. 그러나 여러분의 배우자는 더 많은 칭찬이 필요할 거예요. 사랑을 감정적으로 표현하는 하나의 방법은 상대를 세워주는 말을 하는 것입니다. 솔로몬은 "죽고 사는 것이 혀의 힘에 달렸다."고 했지요.

많은 부부들이 칭찬의 위력을 알지 못합니다. 솔로몬은 또한 "근심이 사람의 마음에 있으면 그것으로 번뇌하게 되나 선한 말은 그것을 즐겁게 하느니라."고도 했지요. 칭찬하는 말이나 감사의 표현은 사랑을 전달하는 강력한 도구입니다. 사랑은 당신이 원하는 것을 얻는 것이 아니라 사랑하는 사람의 행복을 위해 무언가를 하는 것이지요.

사실 우리는 칭찬을 들을 때 그 말에 보답하고 싶어 배우자가 원하는 것을 하게 되지요. 살아가면서 말로 얼마나 많은 상처를 주고 또 받았을까요! 우리는 말에 의해 상처받고, 말에 의해 감동받습니다. 상담

현장에서 한쪽의 말이 달라지면 상대배우자도 같이 변하게 되는 것을 많이 보게 됩니다. 우리는 서로 유기적 존재이지요. 상대를 존중하는 말, 상대를 인정하고 배려하는 말, 따뜻한 온기가 있는 말은 우리를 치유케 하지요.

말은 부메랑이에요. 내가 던진 모든 말은 다시 나에게 되돌아오는 것이 삶의 법칙입니다. 고운 말에는 꽃이 피게 되지요.

제가 강의를 하게 된 것도 어떤 분의 말 한마디 덕분이었어요. 저는 어렸을 때부터 말이 빠르고 목소리가 커서 "여자답지 못하다.", "시끄럽다.", "목소리 좀 낮춰라." 등 부정적 메시지를 많이 받았어요. 그런데 제가 17세 때 어느 분이 "너는 목소리가 트여서 나중에 강의를 하면 참 좋은 강사가 되겠다. 나중에 공부를 해서 꼭 강의를 한번 해봐라."라고 말씀해주셨어요. 모두들 목소리가 크다고 부정적 메시지를 줬는데 유일하게 그분이 저의 큰 목소리를 긍정적으로 말씀해주셨어요.

하지만 그때 저는 중학교를 갓 졸업하고 집안이 너무 어려워 고등학교 진학도 못한 상태였어요. 아무런 꿈도 없이 작은 공장에 다니며 미래가 전혀 없는 아주 작고 볼품없고 초라한 소녀였어요. 그분의 말씀은 감사했지만 당시의 저에게는 닿을 수 없는 꿈일 뿐이었지요. 까맣게 잊고 살았는데, 20년 후 어느 분이 갑자기 강의를 한번 해보지 않겠느냐는 제안을 하셨어요.

그때까지는 전혀 강의를 해본 적이 없었기 때문에 못한다고 사양했어요. 하지만 그분은 강의를 하면 잘 할 것 같다며 권유를 했어요. 그때 제 마음 속에서는 17세 때 나에게 목소리가 트여서 강의를 하면 잘 하겠다던 그분의 말씀이 불현듯 떠오른 거예요. 오랜 세월이 지났지만, 그 말이 힘이 돼 용기를 가지고 도전할 수 있게 됐고, 지금 이렇게 여러분 앞에 강의를 할 수 있게 된 거예요.

여러분! 말의 힘이라는 건 바로 이런 거예요. 20년이 지나도 40년이 지나도 어떤 말은 생명의 말로, 어떤 말은 아픈 상처로 우리 안에 남아있게 되지요.

말에는 사람을 살리는 생명력이 있고 내가 원하는 것을 끌어 올 수 있는 견인력이 있고 내 꿈을 이룰 수 있는 예언력이 있어요. 또 우리는 말로 사람을 죽일 수도 있고 한 사람의 인생을 꽃 피우게도 합니다.

우리가 뿌린 말은 모두 열매를 맺습니다. 말은 부메랑이에요. 좋은 말도 나쁜 말도 결국 나에게 돌아오게 되지요.

"말은 부메랑이다." 꼭 기억하시기 바랍니다.

가장 간단하고 중요한 일

어느 사회학과 교수가 자기 강의를 듣는 학생들에게 과제를 주었어요. 과제 내용은 볼티모어의 빈민가로 가서 그곳에 사는 청소년 2백 명의 생활환경을 조사하는 일이었거든요. 조사를 마친 뒤 학생들은 각 청소년들이 미래에 어떻게 성장할지를 내다보는 보고서를 써냈는데 내용은 모두 같았어요. "이 아이에겐 미래가 없다. 아무런 기회도 주어지지 않기 때문이다."

그로부터 25년 뒤, 또 다른 사회학과 교수가 우연히 이 연구조사를 접하게 되었어요. 그는 학생들에게 청소년 2백 명이 25년이 지난 현재 어떤 삶을 사는지 추적 조사하라는 과제를 주었어요.

조사 결과 놀라운 사실이 밝혀졌지요. 이미 세상을 떠나거나 다른 지역으로 이사한 20명을 제외한 나머지 180명 중에서 176명이 변호사와 의사, 사업가 등으로 활동하며 대단히 성공적인 인생을 살아가고 있었지요. 결과에 놀란 교수는 조사를 더 진행시켰어요. 다행히 그들은 모두 여전히 볼티모어에 살고 있었어요.

교수는 한 사람씩 만나 이렇게 물어보았어요.

"당신이 성공할 수 있었던 가장 큰 이유가 무엇입니까?"

대답은 한결같았어요.

"여선생님 한 분이 계셨지요."

교사가 아직도 살아있다는 사실을 안 교수는 수소문 끝에 그녀를 찾아가서 물었어요. 도대체 어떤 기적적인 방법으로 빈민가 청소년들을 이처럼 성공적인 인생으로 이끌었나요? 나이가 들어도 여전히 빛나는 눈을 간직한 교사는 온화한 미소를 지으며 이렇게 말했어요.

"그것은 정말 간단한 일이었지요. 나는 그 아이들을 사랑했답니다."

삶의 거친 풍파 속에서도 변함없이 나를 믿어주는 한 사람이 있을 때 우리는 다시 일어설 수 있는 힘을 얻고 도전하며 성장해가는 존재이지요. 삶의 끝자락에서 기억되는 한 가지는 우리가 서로 주고받은 사랑의 경험입니다.

가장 간단하고 중요한 일, 그것은 오늘 여러분이 만나는 사람에게 사랑을 표현하는 일이지요. 당신이 가는 곳마다 사랑을 퍼뜨리세요. 먼저 자기 집에서 그 일을 실천하세요. 당신의 자녀를, 아내와 남편을 사랑하세요. 그다음엔 옆집에 사는 이웃을 사랑하세요. 어떤 사람이든 당신을 만나고 나면 더 나아지고 더 행복해지게 하세요. 신의 사랑을 표현하는 삶을 사세요. 당신의 얼굴에, 당신의 눈에, 당신의 미소 속에, 그리고 당신의 따뜻한 말 한마디 속에 신의 사랑을 표현하세요.

— 마더 테레사

죽을 때 후회하는 스물다섯 가지

일본의 호스피스 전문의 오츠 슈이치(大津秀一) 박사가 실제 죽어가는 말기 환자들 1,000명이 남긴 마지막 후회들을 모아놓은 책이 있습니다. 인간이 죽음이라는 커다란 마침표 앞에 섰을 때 하게 되는 후회들은 어떤 것일까요? 저자는 환자들이 남긴 말들을 25가지로 정리했습니다.

1. 사랑하는 사람에게 고맙다는 말을 많이 했더라면
2. 진짜 하고 싶은 일을 했더라면
3. 조금만 더 겸손했더라면
4. 친절을 베풀었더라면
5. 나쁜 짓을 하지 않았더라면
6. 꿈을 꾸고 그 꿈을 이루려고 노력했더라면
7. 감정에 휘둘리지 않았더라면
8. 만나고 싶은 사람을 만났더라면

9. 기억에 남는 연애를 했더라면

10. 죽도록 일만 하지 않았더라면

11. 가고 싶은 곳으로 여행을 떠났더라면

12. 내가 살아온 증거를 남겨두었더라면

13. 삶과 죽음의 의미를 진지하게 생각했더라면.

14. 고향을 찾아가 보았더라면

15. 맛있는 음식을 많이 맛보았더라면

16. 결혼을 했더라면

17. 자식이 있었더라면

18. 자식을 혼인시켰더라면

19. 유산을 미리 염두에 두었더라면

20. 내 장례식을 생각했더라면

21. 건강을 소중히 여겼더라면

22. 좀 더 일찍 담배를 끊었더라면

23. 건강할 때 마지막 의사를 밝혔더라면

24. 치료의 의미를 진지하게 생각했더라면

25. 신의 가르침을 알았더라면

여러분은 위의 내용들을 보면서 몇 가지나 마음에 걸리나요?

사실 특별할 게 하나도 없는 일상에서 벌어지는 일들이지요. 생로병사라는 인간이 겪어야 할 운명 앞에 예외는 없지요. 누구나 아프고 늙어가지요. 아플 때는 나를 둘러싼 세상이 달라보이게 됩니다. 크게 아프면 더 많은 변화를 겪게 되기도 하지요. 아프면 외롭고 외로우면 마음이 자라게 됩니다. 이때 겪은 마음과

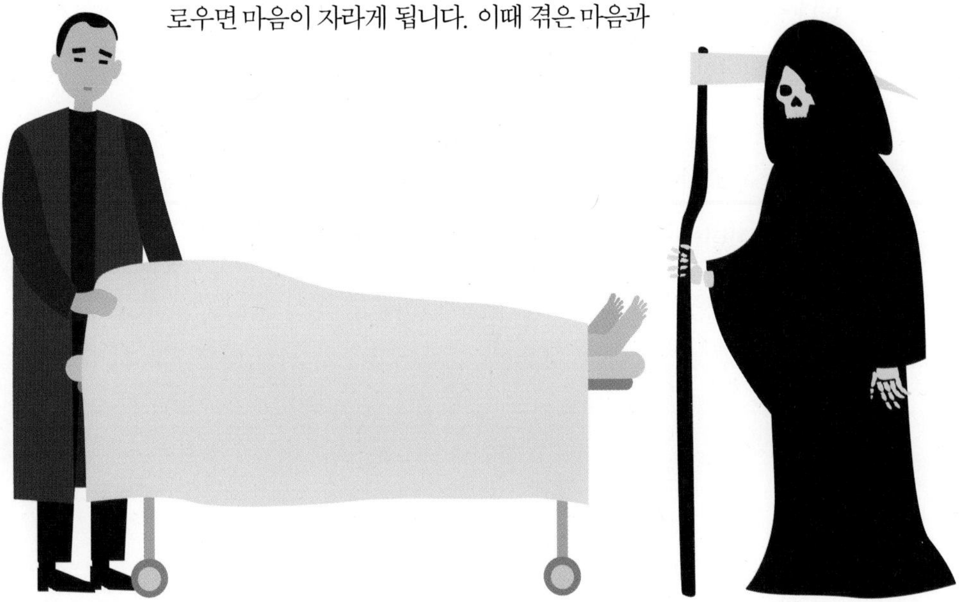

몸에 대한 변화와 생각은 약간씩의 차이가 있다 하더라도 대개 비슷하지요. 고통이 나만의 문제만은 아니라는 것이지요.

세상을 살아가면서 그때그때 삶의 매듭들이 지어지게 됩니다. 그런 매듭을 통해 우리는 안으로 여물어가는 것이 아닐까요? 인생은 바닥을 쳤을 때, 비로소 진정한 나와 만나게 된다고 생각해요. 깨어 있는 삶은 그때부터 시작되지요. 우리는 타인의 죽음을 통해 내 삶을 점검하게 됩니다. 생명은 유한하지만 죽음은 다시 삶으로 연결되지요. 우리는 서로 연결되어진 유기적 존재이기 때문이지요.

과연 후회하지 않는 삶은 어떤 삶일까요?
지금 여러분의 삶은 어떠한가요?

유연해야 고난을 이겨낸다

어려움을 잘 극복하는 사람들은 어떤 특징이 있냐면 바로 유연성이 있어요. 유머스럽고 유연성이 있고 삶에 대해서 수용적인 사람들이에요.

그 대표적인 사람으로 간디를 들 수 있습니다. 간디가 세계적으로 존경받는 인물이잖아요? 간디가 대학을 다닐 때 피터스 교수라는 사람이 있었어요. 그런데 그 교수가 간디를 너무나 못마땅하게 생각했어요. 왜냐하면 간디가 머리도 좋고 사람들한테 인정받고 유능해서 교수 체면이 안서는 거예요. 어느 날 피터스 교수가 학교 식당에서 그랬어요. "간디 씨, 아직 잘 모르나 본데 돼지하고 새는 같이 식사를 할 수가 없어."

그 말은 뭐예요? 자기는 새처럼 우아하고 품위가 있는 사람이다 이거죠. 간디한테 '너는 돼지새끼하고 똑같아. 너 같은 돼지하고 같이 밥을 먹을 수가 없다. 빨리 나가라.'라는 말을 돌려서 한 거죠. 간디가 뭐

라고 했을까요? "걱정 마세요, 교수님. 그럼 어서 제가 다른 곳으로 날아갈게요." 교수는 간디를 돼지로 취급했는데, 간디는 '네가 바로 돼지야. 돼지하고 같이 식사할 수 없기 때문에 내가 날아갈게.' 이런 식으로 유연하게 대처한 거죠.

이런 힘이 바로 자존감이에요. 상대방이 나를 어떻게 공격하더라도 거기에 말려 들어가는 게 아니라 그 위에서 유연하게 대처할 수 있는 능력이 있는 거예요.

또 어느 날 피터스 교수가 물었어요. "간디 씨, 여기에 돈 자루하고 지혜 자루가 떨어져 있는데 당신이라면 어떤 걸 선택할 거예요?" 그래서 "돈 자루죠." 간디가 이야기를 한 거예요. 그러니까 피터스 교수가 "그럼 그렇지, 나라면 지혜를 선택했을 텐데." 이렇게 말해요. '너는 돈이나 추구하는 형편없는 놈이야.' 이 말을 하고 싶었던 거예요. 간디가 뭐라고 해요? "아아, 교수님, 어차피 사람은 각자 자신이 없는 것을 선택하는 거 아니겠어요?" 그러니까 '너는 지혜가 없는 인간이야.'라는 것을 바로 받아치는 거죠.

이 교수가 어떻게든 간디를 이기고 싶은데 이제 너무 화가 난 거예요. 간디의 졸업시험지에 '멍청이'라고 써서 갖다 줬어요. 간디가 뭐라고 해요? "교수님, 제 시험지에 점수가 안 적혀 있고 교수님 사인만 있더라고요." 결국 누가 멍청이라는 뜻이에요? 교수가 간디를 향해 멍청이라고 썼지만 '그게 당신의 사인이다.'라고 반박하는 거지요.

이게 바로 삶의 유연성이죠.

여러분도 살아가면서 남편이 나한테 뭐라고 할 때가 있죠? 자존심 상하게 하는 일들이 있을 수 있어요. 그런데 거기에 말려들면 안 돼요. 우리는 상대방이 어떻게 말을 했는가가 중요한 게 아니라 상대방의 말을 내가 어떻게 해석하는가가 중요한 거예요. 그런 대처능력, 그게 유연성이에요.

문제는 기회를 숨기고 온다

수없이 많은 사람들이 답을 찾고 싶어 상담실에 옵니다. 여러분 중에도 문제가 없는 사람은 없을 거예요. 삶 속에 문제가 나타나는 건 너무도 당연한 일입니다.

인생고민 총량의 법칙이라고 하잖아요? 모든 사람들은 살아가면서 비슷한 무게의 문제와 고민을 갖는다는 거지요. 놀라운 사실은 모든 문제엔 답이 있다는 거예요. 그런 말 처음 들으셨나요?

여러분은 항상 문제에 골몰하지만 문제는 사실 문제가 아니에요. 여러분에게 문제가 없으면 성장이 안 돼요. 사람은 가장 고통스러운 순간을 잘 넘길 수 있을 때 가장 크게 성장을 하는 거예요. 여러분 자신에게, 자녀에게, 남편에게, 경제에, 부모님에게 문제가 생겼다고 하면 일단 "오케이."하고 먼저 감사해야 돼요. 왜 그래요? 그 문제 속에 여러분이 진짜 삶을 살아가는 키(key)가 들어있기 때문이에요. 문제 안에 항상 열쇠가 숨겨져 있어요. 그런데 그 문제만을 보니까 열쇠를 못 찾는 거예요.

우리의 성장이 진짜 시작될 때는 삶이 바닥을 칠 때에요. 경제적으로 바닥을 치고 관계에서 바닥을 치고 아이가 학교를 그만둬서 바닥을 치던, 여러 가지 어려움을 겪었을 때죠. 이 문제가 왜 생겼을까 고민을 하고 문제를 해결하려고 열심히 공부도 하죠. 그렇기 때문에 항상 문제 속에는 기회가 들어있는 것을 알아야 돼요. 문제만 보면 성장을 못해요.

그러니까 "오케이, 문제가 왔구나. 나의 삶에 찬스가 왔구나. 이 찬스 속에 신이 어떤 축복을 숨겨두셨을까?" 그렇게 설레는 마음으로 문제를 받아들일 때 그것은 문제가 아니라 축복이 된다는 것을 알아야 해요.

우리 삶에서 '문제'라는 프레임을 어떻게 인식하는가 생각해 볼까요? 여기 이 넓은 칠판에 제가 작은 점 하나를 찍었는데 여러분들은 모두 점이 보인다고 이야기했어요. 대부분의 사람들이 그렇습니다. 이것이 우리가 삶을 보는 방식이에요. 내 삶에 어떤 문제가 생기면 온 에너지를 그 문제에 집중하고 스트레스를 받으며 괴로워합니다. 놀라운 것은 모든 문제에는 답이 있어요.

그런데 문제의 답은 문제 해결에 초점을 두면 해결이 어렵다는 사실이에요. 여러분들이 큰 칠판에서 '문제'라는 점만을 찾았던 프레임을 바꾸는 거예요. 점 말고 또 뭐가 있다고 했지요? 여백, 칠판의 여백이 있어요. 우리 삶은 칠판의 여백 같은 거예요. 문제는 그 점 같은 것이고요. 생각해 보면 내 삶에 감사한 일이 너무도 많은데 우리는 그런 것들을 자각하지 못하고 당연하게 생각해요. 감사하지 않지요.

여러분의 눈이 안 보인다면, 어떨까요? 볼 수 있다는 사실에 대해 평소 얼마나 감사하나요? 우리는 몸이 아프기 전에는 그 고마움을 잊고 살지요? 우리 신체 하나하나가 건강하다는 사실만으로도 죽을 때까지 감사해도 부족한 거예요. 이런 것을 자각이라고 하지요. 이처럼 문제를 해결하는 열쇠는 바로 문제가 아닌 것들에 먼저 감사하는 거예요.

아이가 학교를 안 가면 '그래도 건강하니 감사하다.' 이렇게요. 먼저 긍정적인 것, 이미 내가 가지고 있는 많은 것들에 감사함을 먼저 찾는 것, 그것이 문제 해결의 열쇠입니다.

문제의 뒷면은 바로 기회입니다.
문제와 기회는 같은 말임을 알아야 해요.

내 인생의 멘토

우리가 어떤 어려움에 처해 있어도, 그 어려움을 이기고 다시 일어날 수 있는 힘, 그것을 회복탄력성이라고 해요. 그러면 어떤 사람이 회복탄력성이 뛰어날까요? 연구를 해봤더니 부모님이 돌아가시거나 이혼하거나 버림받거나 해서 굉장히 많은 상처가 있는데도 불구하고 아주 훌륭하게 성장하고 행복하게 산 사람들이 있다는 거예요. 이런 사람들이 바로 회복탄력성이 뛰어난 사람들이라고 하는데 그 사람들에게는 어떤 비밀이 있는가, 그걸 또 연구한 거예요.

그 사람들은 부모와의 애착이나 사랑의 경험에 실패했지만 살아가면서 "나를 절대적으로 신뢰하고 믿어주는 한 사람을 만났다."는 공통점이 있었어요. 어떤 사람은 친구이기도 하고 선생님이기도 하고 배우자이기도 하고 다양하게 있었어요. 어쩌면 남편들에게 여러분들이 인생의 멘토일 수도 있어요. 제가 상담을 하다보면 "내 인생에서 유일하게 나를 믿어주는 사람은 우리 아내밖에 없어요." 이런 사람을 몇 번이나 봤어요. '인생의 멘토가 배우자'라는 사람이 많이 있어요. 행복한 인생을 산 사람들에게는 멘토가 있었다는 거예요.

인생은 어때요? 구름도 끼고 비가 오기도 하죠. 바닷가에서 '내가 살아야 할까? 죽어야 할까?' 이런 위기들이 오면 어떻게 극복해야 될까요? 이런 굉장히 힘든 시기가 많이 있어요. 저도 있었어요. 그런데 제 인생에도 멘토가 있었어요. 제 인생의 멘토가 누구일까요? 바로 제 남편이에요. 저는 남편한테 많은 영향을 받고 감사할 내용이 많이 있지만, 그 중에서 세 가지만 이야기 하고 싶어요.

우리 남편은 일본 사람이에요. 남편은 제 인생에서 가장 훌륭한 멘토예요. 저에게 가장 영향을 주는 사람이 큰 사랑과 은혜를 베풀고 멘토가 되어주었어요. 저는 지금도 그렇지만 옛날부터 말도 빠르고 맨날 엎고 깨고 실수를 많이 했어요. 그래서 어렸을 때 많이 혼이 났죠. "너는 왜 이렇게 여자답지 못하냐, 왜 이렇게 말이 빠르고 시끄럽냐." 그랬어요.

그런데 결혼하면 변할까요? 똑같아요. 수시로 컵 깨고 밥그릇 깨고 한 달 지나니까 남아나는 게 별로 없을 지경이었어요. 그래서 플라스틱으로 다 바꿨어요. 그런데 제가 이렇게 실수를 많이 하면 과거에 야단을 많이 맞았기 때문에 긴장을 하죠. 그런데 남편이 저를 혼내지 않는

거예요. 그러니까 더 불안한 거예요. 그래서 어느 날 제가 그 불안을 이겨내지 못하고 물어봤어요.

"당신 왜 나를 혼내지 않아요?" 그랬더니 남편이 "내가 왜 당신을 혼내야 되느냐."고 하는 거예요. "맨날 실수하고 사고를 치는데 짜증나지 않냐."고 했더니 남편이 웃으면서 손가락 열 개를 다 피더니 "모든 사람은 장점과 단점을 같이 가지고 있어요. 나도 마찬가지예요. 만약 이렇게 열 가지 중 아홉 가지가 당신의 단점이고 한 가지밖에 장점이 없다면 나는 당신에게 그 한 가지 장점만 보고 살고 싶다. 당신은 공부하는 모습이 참 예쁘다. 나는 그런 당신을 사랑한다."라고 말했어요. 저의 유일한 취미는 시간나면 책을 자주 봐요. 남편은 그런 아내를 보면서 그 한 가지 장점을 칭찬해 준 거예요.

저는 그런 말을 태어나서 처음 들었어요. 이게 제가 남편을 존경하게 된 첫 번째 사건이었어요. 그때 알았어요. 정말로 이 사람은 나보다 인격적으로 훨씬 성숙한 사람이구나. 나 같으면 아홉 가지 단점을 지적하느라 매일 바빴을 텐데 '한 가지 장점을 발견해서 살고 싶다.'는 사람, 그걸 표현해줄 줄 아는 남편에게 저는 완전 감동했어요. 그게 제가 마음속으로 남편에게 무릎을 꿇고 존경하게 된 계기였어요.

남편에게 감사한 내용이 또 있는데요. 제가 임신을 했을 때 매일 제 배에 손을 얹고 하루도 빠짐없이 정성스럽게 기도를 해주었어요. 사실 저는 불량신도예요. 배가 부르니까 누워서 "하나님 오늘도 잘 지켜주셔서 감사합니다." 이럴 때도 많았어요. 그런데 남편은 항상 제 배 위에 손을 놓고 기도해주고 잠을 자는 거예요. 애들 두 명을 다요. 임신을 알게 된 그 순간부터 아기가 태어날 때까지 단 하루도 하지 않은 날이 없었어요.

그건 죽을 때까지 잊을 수 없는 감사함이에요. 저는 엄마인데도 그렇게 할 수 없었어요. 그럴 때마다 제가 어떤 기도를 했을까요? "하나님 정말 감사합니다. 이렇게 훌륭한 남편을 제게 주셔서 감사합니다." 그 기도만 한 거예요. 그리고 아이들에게 '아빠 닮아라, 아빠 닮아라.' 오직 그 기도 한 가지만 했어요. 남편이 이렇게 아이를 위해서 매일 기도를 해줄 때, 마음의 안정과 남편에 대한 최고의 존경과 감사를 갖게 됐어요.

마지막으로는 제가 아는 언니에게 보증을 서줬는데 그분들이 망하게 된 일이었어요. 그 일로 우리는 모든 것을 잃게 됐어요. 그때 제가 남편과 의논을 하고 보증을 서줬을까요? 제멋대로 서준 거였어요. 물론 그분들이 의도한 건 아니지만 엄청나게 어려운 일이 생긴 거예요. 그것을 남편에게 이야기를 해야 되는데 말이 안 떨어졌어요.

어느 날 제가 불안해하고 얼굴이 이상해지니까 남편이 물어보는 거예요. "혹시 무슨 일이 있냐? 어떤 일이라도 괜찮으니까 이야기를 해라. 부부는 좋은 일도 같이해야 하지만 어려울 때 더 같이해야 한다.

걱정하지 말고 이야기 해보라."라는 거예요. 그러니까 미안해서 말을 더 못하겠는 거예요. 그래도 말을 해야 하니까 "사실은 이런 일이 있었다. 이렇게 되어버렸다."고 했더니 남편이 1분 동안 아무 말도 하지 않고 눈을 감고 있는 거예요. 그 1분의 침묵이 영원처럼 느껴졌어요. 그리고 눈을 뜨고 저한테 하는 말이 "지금부터 모든 마음을 내려놔라. 그리고 용서해라. 나하고 의논하지 않고 마음대로 보증을 선 당신 스스로를 용서하고, 갚지 못한 그 분들도 용서하자, 그리고 감사하자."라고 하는 거예요.

저는 남편이 외국 사람이라 한국어를 못 알아들었나 생각했어요. 모든 걸 잃고 집도 나가야 하는데 '뭘 감사하자는 건가?' 이랬는데, 남편이 뭐라고 정리를 했냐면, "우리 때문인지, 우리 조상들이 지은 빚이 있어서인지 알 수 없지만, 우리가 치러야 하는 탕감(빚 등을 삭쳐 줌)이라고 생각하자. 그래도 하늘이 우리를 사랑해서 우리 가족의 생명을 다치지 않게 하시고, 병을 주지 않고 물질을 가져가셨으니 그걸로 감사하자. 작은 가치로 탕감해주시는 걸로 감사하자. 그리고 이 문제를 어떻게 해결할지 그것만 같이 고민하자." 저는 그때 얼마나 많이 울었는지 몰라요.

물론 의도적인 건 아니지만 그 일로 인해서 모든 걸 잃었는데도 남편은 그 후에도 단 한 번도 저를 원망하지 않았어요. 그때 제가 신앙을 하는 가정의 가치를 느꼈어요. 우리가 만약 신앙 없이 결혼한 사람이라면 이럴 수 있었을까요? 절대로 어려울 거라고 생각해요. 그 후 몇 년이 지났지만 아직도 그 후유증으로 힘들어요. 그렇지만 그 일로 단 한 번도 싸운 적이 없어요. "당신 때문에 이렇게 됐잖아." 한 번도 그렇게 원망을 안 해요. 그게 참사랑이라고 생각해요. 저는 그때 남편에게서 그걸 배웠어요.

여러분, 남편들이 그런 상황이 됐을 때 어떻게 할 거예요? 자기 나라, 자기 친정으로 돌아가겠다는 사람도 있을 거예요. 그렇지만 정말 위기가 왔을 때 우리가 생각을 바꾸면 그게 뭐가 돼요? 인생에 기회가 오는 거예요. 위기는 항상 기회를 숨기고 와요. 우리가 그런 일이 벌어졌을 때 남편이 일도 그만두게 되었어요. 어려움은 겹쳐서 온다더니 최악의 상황이 된 거예요. 그런데 부부가 하나 되어 그걸 감사하며 넘어가니까, 그 후에 더 좋은 기회가 오고 더 큰 축복이 온 거예요.

"위기는 언제나 기회를 숨기고 온다."

여러분들도 그걸 기억하셨으면 좋겠어요.

매력적인 사람의 조건

남녀노소 누구나 매력적인 사람이고 싶지요. 부부간에도 매력적인 사람이 되도록 노력해야 합니다. 이럴 때 '5S'만 기억하면 그런 사람이 될 수 있어요.

첫 번째 S는 나의 심볼(symbol)입니다.

나의 심볼은 무엇일까? 타인에게 나는 어떤 심볼로서 기억되고 있을까? 그 사람을 만나면 큰 의미가 있는 사람, 그 사람을 만나면 왠지 기분이 좋은 사람… 등 사람마다 타인에게 각인되어지는 심볼이 있습니다. 여러분은 나의 심볼은 무엇일까 생각해 봐야 합니다.

두 번째 S는 심플(symple)입니다.

나는 얼마나 심플하고 다른 사람에게 풋풋하고 상큼한 사람인가입니다. 어떤 경지에 다다른 사람을 보면 복잡할까요, 단순할까요? 굉장히 단순해요. 우리의 삶도 복잡한 것이 아니라 우리의 생각이 복잡한 거예요. 쓸데없는 생각을 말할 때 “별 오만가지 생각을 다하고 있다.”라고 말하잖아요. 우리 인간은 적어도 하루에 오만가지 이상의 생각을 한다고 합니다. 그런데 그 생각 중에 가치 있는 생각은 4%도 안 된다고 해요. 나머지 96%는 쓸데없는 생각으로 머리를 아프게 하고, 나를 힘들게 하는 거죠. 그래서 매력적인 사람은 심플한 사람입니다.

세 번째 S는 스터디(study)입니다.

매력적인 사람은 항상 공부를 하는 사람입니다. 항상 배우는 것을 기뻐하고 즐거워하는 사람입니다. 하버드대학의 연구에서, 행복한 사람의 7가지 조건 중에 두 번째로 꼽힙니다. 행복한 사람은 80세든 90세가 되든 항상 공부하는 것을 좋아한다고 합니다. 공부란 호기심이 있는 거예요. 박사 등 학위를 따려는 것도 공부지만, 여기서 공부란 사람과 사물에 대해 호기심을 가지고 배우려는 것입니다. 이런 학습의 태도가 매력적인 사람의 모습입니다.

네 번째 S는 서프라이즈(surprise)입니다.

‘어머!’ 하고 놀라는 것, 감탄하는 것을 말합니다. 아이하고 어른은 다른 점이 많은데, 그중 하나로 아이는 감탄하는 것이 많습니다. 늘 호기심과 감탄사를 연발합니다.

아이가 태어나서 걸음마를 시작해서 걸을 수 있을 때까지 몇 번을 넘어질까요? 통계적으로 보면 2천 번 이상을 넘어진다고 합니다. 그렇게 많이 시도를 해서야 걸을 수 있습니다. 그렇게 아이가 넘어져도 다시 일어나는 그 힘은 엄마 또는 누군가가 옆에서 감탄을 해주며 축하해주는 데서 나옵니다. 그런데 아이가 유치원에 가기 시작하면서부터 감탄과 축하에 인색해집니다. 이때부터 비판하고 질책하기 시작합니다. 그래서 감탄을 먹지 못한 아이는 점점 영혼이 시들어갑니다. 늘 감탄을 잘하는 사람은 행복에너지가 출렁이는 사람입니다.

다섯 번째 S는 스위트(sweet)입니다.

매력적인 사람은 부드러운 사람으로, 달콤하고 따뜻하고 편안한 사람을 말합니다. 뭔가 경직된 사람은 불편해서 더 이상 만나고 싶지 않지요. 만나면 편안하고, 만나면 미소가 지어지며, 만나서 뭔가 대화를 나누고 싶어지는, 이런 스위트한 사람은 매력적입니다.

여러분이 이 다섯 가지 S를 가지고 있다면, 이 사실을 알든 모르든 이미 여러분은 매력적인 사람입니다. 그런데 여기에 인간관계에서 더해지는 두 가지 S가 추가될 수 있습니다.

그 하나는 쏘리(sorry)예요.

살아가면서 내가 누군가에게 상처를 주거나 내가 뭔가 잘못했을 때, 그 사람이 자녀든 남편이든 누구든 간에 내 잘못을 솔직히 인정하고 사과할 수 있어야 해요. 사실 상대에게 미안하다고 말할 수 있는 사람이 가장 강한 사람입니다. 이런 사람은 매력적인 사람이자, 인간관계의 장인이 될 수밖에 없는 사람입니다.

또 하나는 스마일(smile)입니다.

누구를 만나도 환하게 웃는 사람에겐 마음이 편해지며, 함께 이야기하고 함께 일하고 싶어집니다. 제임스 랑게 이론(James-Lange Theory)이라고 있습니다. 우리가 웃고 싶어서 웃는 것이 아니라 우리가 웃으면 웃을 일이 생긴다. 즉 생각해서 의지가 생기는 것이 아니라, 먼저 행동하면 의지가 생긴다는 이론입니다. 그래서 손을 잡게 되면 따뜻한 마음이 연결된다고 합니다.

우리가 웃고 싶지 않아도 우울하면 일단 거울을 보세요. 그게 우울치료의 첫 번째 틀입니다. 거울을 보면 마음이 진정되는 효과가 있습니다. 그래서 다른 일로 속상하거나, 남편이나 아이들하고 부딪치거나 하면 아무 말 하지 말고 화장실에 가서 거울로 자기 얼굴을 보는 겁니다. 자기 얼굴을 자세히 보고 있으면 희한하게도 마음이 안정됩니다. 그것이 거울 공부입니다.

그리고 접촉하려고 노력하면 우리 마음에 굉장히 많은 사랑의 호르몬이 나옵니다. 에스트로겐, 옥시토신, 세로토닌 등 치유와 사랑의 호르몬이 나오기 때문에 그래서 접촉을 해야 합니다. 이때 각자 사랑의 모국어를 파악하고 알아야 합니다.

윌리엄 글래서(William Glasser)라는 심리학자는 현실요법이라는 심리학을 창안한 분이세요. 이 분은 우리가 상대방과 대화를 할 때 항상 4가지만 알면, 나 자신에게도 상대방에게도 소통을 할 수 있다고 믿었어요.

첫 번째는 그 사람이 원하는 것이 무엇인지를 물어보는 것이에요. 두 번째는 네가 원하는 것을 갖기 위해서 너는 어떤 행동을 했는가라는 질문입니다. 세 번째는 그 행동에 대해 효과가 있었는지 평가입니다. 네 번째는 그런 행동에 대한 효과가 없었다면 다시 효과 있는 계획을 세워보는 것입니다. 이것들이 아주 심플한 현실요법의 키워드입니다.

내 안의 거인 깨우기

여러분은 자신의 삶에서 롤모델로 삼고 싶은 사람이 있나요? 저는 가장 멋진 여성 중 한 사람으로 오프라 윈프리(Oprah Gail Winfrey)를 들고 싶어요.

여러분은 자신이 어떤 사람이라고 믿고 있나요? 우리의 자아는 여러 가지 상처로 쪼그라져 있습니다. 무한한 가능성의 나를 믿지 못하고 위축되고 자신감 없는 눈은 자꾸만 아래로 내려 깔립니다.

어깨를 쭉 펴고 정면을 똑 바로 바라보고 이제는 당당히 고개를 드세요. 그리고 앞을 향해 힘차게 걸어갑시다. 지금부터 오프라 윈프리의 성공 십계명을 상기해보면서 내 안의 거인을 깨우는 행복한 여행을 시작해 볼까요?

"당신은 당신이 믿는 대로 된다. 오늘 당신이 믿는 것은 내일에 실질적인 영향을 미칩니다. 당신은 그것을 하기 전에 당신 자신의 일을 기대해야 합니다. 사람은 자신이 할 수 있다고 생각하는 것보다 더 많은 것을 얻을 수 있습니다. 대부분의 사람들은 꿈의 문을 한번 두드렸다가 문을 열 기회가 생기기 전에 도망칩니다. 하지만 끝없이 계속 두드리면 문은 열립니다. 지금과 같은 삶을 살면 이미 살고 있는 삶을 계속 살게 될 것입니다. 삶을 업그레이드 하고 싶다면 먼저 사고방식을 업그레이드 하세요. 더 많은 성공을 원한다면 그 이상의 사람이 되어야 합니다. 성공은 성공을 의식하는 사람에게 옵니다. 강한 믿음은 성공을 이끌어냅니다. 찾지 않는 것은 볼 수 없고 믿지 않는 것을 찾을 수 없습니다."

— 오프라 윈프리

오프라 윈프리의 성공 십계명

1. 남들의 호감을 얻으려 살지 말라.
2. 앞으로 나아가기 위해 외적인 것들에 의존하지 말라.
3. 일과 삶이 최대한 조화를 이루도록 노력하라.
4. 주변에 험담하는 사람들을 멀리하라.
5. 다른 사람들에게 친절해라.
6. 중독된 것들을 끊어라.
7. 당신에 버금가는, 혹은 당신보다 나은 사람들로 주위를 채워라.
8. 돈 때문에 하는 일이 아니라면 돈 생각은 아예 잊어라.
9. 당신의 권한을 다른 사람에게 넘겨주지 마라.
10. 포기하지 말라.

삶은 기쁘게 살다가야

인간은 모두 죽습니다. 종교에서는 영생(永生)이 있다지만, 육체적인 생명의 한계는 분명합니다. 고대 이집트인들은 죽은 후에 두 가지 질문을 반드시 받는다고 믿었습니다. 이 두 가지 질문에 '예스(yes)'라고 바로 대답하지 못하면 영생의 천국에 갈 수 없다고 생각했습니다.

그 첫째 질문은, '너는 신이 부여해준 생명을 기쁨으로 살다 왔느냐?'는 것입니다. 신이 80년이든 100년이든 생명을 살도록 해줬는데, 너는 그 시간 동안 '기쁘게 살다 왔느냐.'는 것입니다. 이 질문에 '예스'라고 바로 답하지 못하면, 둘째 질문은 답할 기회조차 주지 않고 바로 지옥행이라고 믿었습니다.

다음 질문은 '그 기쁨을 너 혼자가 아니라 세상과 나누면서 살다가 왔는가?'입니다. 즉 '더불어서 행복하게 살다 왔는가?'라는 물음입니다.

여러분, 왜 기쁘게 세상을 살아야 하는 걸까요? 기쁘게 살아야 할 이유가 뭘까요? 슬픈 일과 걱정되는 일이 더 많은 세상에서 왜 기쁘게 살아야 할까요? 그 근본 이유를 모르면, 우리가 기쁘게 살아야 할 방향도 알지 못합니다. 사실 굉장히 큰 의미체계입니다.

성경을 보면 하나님이 세상을 창조하시고 첫 번째 감탄사가 '보시기에 심히 좋았더라.'입니다. 그냥 좋았다가 아니라 '보시기에 심히 기뻤더라, 너무너무 좋았더라.'입니다. 하나님이 피조만물을 창조하시고, 그것을 주관하실 수 있는 당신의 형상대로 인간을 창조하신 후, 첫 번째 말씀이 '보시기에 심히 기뻤더라.'입니다.

결국 신이 세상을 창조한 동기와 목적이 '기쁨'에 있는 것입니다. 그래서 우리가 기쁘게 살아야 하는 것입니다. 우리의 창조주이신 하나님이 인간을 만드신 이유와 목적이 '기쁘게 살라.'는 것이기 때문입니다.

그런데 우리는 왜 기쁘게 살지 못할까요? 종교적으로 보면 타락했기 때문입니다. 타락해서 무지한 상태로 떨어졌기 때문이에요. 그래서 하나님이 어떤 동기로 인간을 창조했는지도, 어떻게 살아야 하는지도 잘 모르는 거예요. 그게 바로 타락입니다. 살아갈 방향을 잃어버린 게 타락입니다. 아무리 열심히 걸어가도 방향을 잘못 걸어가면 되돌아오는 길이 더 멀다는 사실 아세요?

우리가 어디로 가야 하는지 지향점을 알지 못하면, 아무리 새벽같이 일찍 나와서 열심히 걸어도 목적지에 가지 못하는 경우가 대부분입니다. 그런 것처럼 우리는 가야 할 방향을 정확히 알아야 합니다. 하나님의 창조목적이 우리 인간을 기쁨의 대상으로 지었고, 우리 인간에게 기쁘게 살도록 창조와 축복을 해주셨기 때문에, 우리 인간은 기쁘게 살아야 합니다.

그러면 어떻게 기쁘게 살아야 하나요?

그 방향과 목적지를 정확히 알아야 합니다. 그게 뭘까요? 살면서 '감사'라는 씨앗을 심어야만 '기쁨'이라는 꽃을 피우게 되는 비밀을 아셔야 합니다. 살아가면서 '감사'라는 씨앗을 심지 않으면, 여러분은 절대로 '기쁨'이라는 꽃을 보지 못해요. 우리가 늘 행복한 삶을 찾지만,

'감사'라는 씨앗을 심어야 '기쁨'이라는 꽃이 피고 자동으로 열리는 열매가 바로 '행복'이에요. 행복이 따로 있는 게 아니에요. 결국 행복의 씨앗이 뭐예요? 감사하는 마음이에요. 행복의 핵심은 먼저 감사하는 마음에 있어요. 좋은 인간관계라는 것도 결국 상대에 대해 감사할 때 깊이 맺어지는 거예요.

내가 살아있는 게 기쁜가요? 감사해요. 남편이 옆에 있는 게 감사한가요? 자녀가 있어서 감사한가요? 우리가 다 행복을 원하고 행복해지길 바라지만, 행복의 핵심은 지금 여기에 감사라는 씨앗을 심어야 합니다. 남편이 변하고 아이가 변하면 잘되고 행복해진다고 믿지만, 그것은 타의에 의해서 내가 결정되는 관계입니다. 남편이 내 말을 듣든 안 듣든, 아이가 공부를 잘하든 못하든, 지금 현재 내 배우자와 아이에 대해

서 있는 그대로 감사하는 마음을 가지고 있느냐가 행복의 핵심입니다.

모든 만남은 두 가지 조건이 충족될 때 행복한 결과를 가져옵니다.

첫째는 만남에 의미가 있을 때이고, 둘째는 그 만남이 즐거우면 좋습니다. 즉 의미와 재미가 충족되면 그 만남은 행복한 결과를 가져오게 되지요. 가족 안에서든 사회에서든 이 두 가지 조건이 충족될 수 있도록 내 마음을 세팅하고 긍정적 프레임으로 삶에 임할 수 있다면 우리는 어디서든 자기 삶의 주인으로 행복하게 살아갈 것입니다.

사람마다 온도계처럼 행복의 세트포인트가 있지요. 그 세트포인트가 높은 사람들은 어떤 사람들일까요? 그들의 특징은 잃어버린 것이 아닌, 이미 내게 있는 것에 대한 작고 소소한 일상에 감사할 줄 아는 사람들입니다. 지금 여기에 감사할 줄 알고 현재를 살 줄 아는 지혜를 가지고 있습니다.

행복한 사람과 불행한 사람은 한 가지가 다르지요. 불행한 사람은 늘 잃어버린 것에 초점을 두고 살지요. 지나간 과거, 후회, 실패 등등…. 하지만 행복한 사람들은 살아가며 비슷한 경험을 하지만 이들은 얻은 것에 초점을 두고 사는 것이 다르답니다.

타인으로부터 받은 은혜와 감사에 집중하는 사람입니다. 지금 건강한 것, 가족이 있는 것, 살 수 있는 공간이 있는 것. 숨 쉬는 것, 먹는 것, 보는 것, 한줄기 햇빛을 받을 수 있는 것, 일상에서 너무도 많은 것을 받고 누리며 살고 있다는 자각이 높은 사람들이지요. 즉 그들은 날마다 감사의 씨앗을 심는 사람들이랍니다.

행복의 반대말은 무엇일까요? 행복의 반대말은 불행이 아니고 불평이랍니다. 불평의 반대말은 바로 감사이지요. 삶은 매순간 선택의 연속이지요.

불평도 감사도 모두 나의 선택이랍니다.
여러분은 어디에 초점을 두고 살고 싶나요?

VII

부록

1. 5가지 사랑의 언어

※ 각 쌍의 진술문 중, 당신이 바라는 것을 잘 나타낸 것 하나만 동그라미를 치세요. 선택하기 어려워도 정확한 결과를 얻기 위해선 반드시 하나를 선택해야 합니다.

1. 나는 배우자가 사랑의 편지를 주면 마음이 흐뭇해진다 ……………… A
1. 나는 배우자가 포옹해 주는 것이 좋다 ……………………………… B
2. 나는 배우자와 단 둘이 있는 것이 좋다 ……………………………… B
2. 나는 배우자가 나의 일을 도와줄 때 사랑을 느낀다 ……………………… D
3. 나는 배우자가 특별한 선물을 줄 때 기분이 좋다 ……………………… C
3. 나는 배우자와 함께 여행하는 것이 좋다 ……………………………… B
4. 나는 배우자가 빨래를 해줄 때 사랑을 느낀다 ………………………… D
4. 나는 배우자가 나에게 스킨십할 때 기분이 좋다 ……………………… E
5. 나는 배우자가 팔로 나를 안을 때 사랑을 느낀다 ……………………… E
5. 나는 배우자의 깜짝 선물을 통해 사랑을 확인한다 …………………… C
6. 나는 배우자와 함께라면 어디를 가든 좋다 …………………………… B
6. 나는 배우자의 손을 잡는 것이 좋다 ……………………………………… E
7. 나는 배우자가 주는 선물을 소중히 여긴다 …………………………… C
7. 나는 배우자로부터 사랑한다는 말을 듣는 것이 좋다 ………………… A

8. 나는 배우자가 내 가까이 앉는 것이 좋다 ···································· E

8. 나는 배우자가 나를 멋있다(예쁘다)고 하는 말이 기분 좋다 ············ A

9. 나는 배우자와 같이 있는 시간이 즐겁다 ···································· B

9. 나는 작더라도 배우자가 주는 선물이 좋다 ································ C

10. 나는 배우자가 나를 자랑스럽게 여긴다고 할 때 사랑을 느낀다 ······ A

10. 나는 배우자가 나를 위해 음식을 준비해 줄 때 사랑을 느낀다 ········· D

11. 나는 배우자와 함께하는 일이면 뭐든지 좋다 ······························ B

11. 나는 배우자가 나를 지지하는 말을 하면 기분이 좋다 ··················· A

12. 나는 배우자가 작은 것이라도 말보단 행동으로 해주는 것이 좋다 ··· D

12. 나는 배우자와 포옹하기를 좋아한다 ·· E

13. 배우자의 칭찬이 나에게는 아주 중요하다 ·································· A

13. 배우자로부터 내가 좋아하는 선물을 받는 것이 아주 중요하다 ······ C

14. 나는 배우자 곁에 있는 것만으로 기분이 좋다 ····························· B

14. 나는 배우자가 등을 긁어 주는 것이 좋다 ·································· E

15. 내가 한 일을 배우자가 인정하면 힘이 난다 ······························· A

15. 배우자 자신은 좋아하지 않는 일을 나를 위해 하는 것은 의미가 크다 ··· D

16. 나는 배우자의 키스가 싫은 적이 없다 ······································· E

16. 내가 좋아하는 일에 배우자가 관심을 가지면 기분이 좋다 ············ B

17. 배우자가 내가 하는 일을 돕는 것이 중요하다 ····························· D

17. 배우자가 준 선물을 받아 볼 때 기분이 좋다 ······························ C

18. 배우자가 나의 외모를 칭찬해주면 기분이 좋다 ………………………… A

18. 배우자가 내 생각을 귀 기울여 듣고 비판하지 않는 것이 좋다 ……… B

19. 배우자가 가까이 있으면 꼭 만지고 싶다 ………………………………… E

19. 가끔씩 배우자가 내 심부름을 해주는 것이 고맙다 …………………… D

20. 배우자가 나를 도와주는 것은 모두 상을 받아야 마땅하다 ………… D

20. 배우자가 얼마나 생각 깊은 선물을 하는지 가끔씩 놀란다 ………… C

21. 나는 배우자가 나에게 전적으로 집중해 주는 것이 고맙다 ………… B

21. 집안 청소를 잘 하는 것은 중요한 봉사 행위다 ……………………… D

22. 나는 배우자가 줄 생일 선물이 기대된다 ………………………………… C

22. 내가 소중하다는 배우자의 말은 늘 들어도 지겹지 않다 …………… A

23. 배우자는 내게 선물로 자신의 사랑을 보여준다 ……………………… C

23. 배우자는 집에서 나의 일을 도움으로 사랑을 표현한다 ……………… D

24. 배우자는 내 말을 끊지 않는데 나는 그것이 좋다 …………………… B

24. 나는 배우자의 선물이 싫증나지 않는다 ………………………………… C

25. 내가 피곤한 것을 알고 도와주겠다고 하는 배우자가 고맙다 ……… D

25. 어디를 가든 배우자와 함께하면 나는 좋다 …………………………… B

26. 나는 배우자와 부부 관계하는 것을 좋아한다 ………………………… E

26. 나는 배우자의 깜짝 선물을 좋아한다 ………………………………… C

27. 배우자의 격려하는 말을 들으면 힘이 난다 …………………………… A

27. 배우자와 함께 영화 보는 것이 나는 좋다 ……………………………… B

28. 배우자가 주는 선물보다 더 좋은 선물은 없다 ························ C

28. 배우자에게서 손을 떼는 것이 힘들다 ································ E

29. 배우자가 바쁜데도 나를 돕는 것이 내게 큰 의미가 있다 ·············· D

29. 배우자가 나에게 감사하다고 말하면 나는 기분이 아주 좋다 ········· A

30. 배우자와 잠시 떨어져 있다가 다시 만나 포옹/키스하는 것이 좋다 ··· E

30. 배우자가 나를 믿는다는 말을 하면 기분이 좋다 ························ A

※ 설문에서 체크한 A, B, C, D, E 각각의 개수를 기록하세요.

A ________ 인정하는 말 Words of Affirmation

B ________ 함께하는 시간 Quality Time

C ________ 선물 Receiving Gifts

D ________ 봉사 Acts of Service

E ________ 스킨십 Physical Touch

나의 제 1의 사랑의 언어 :

나의 제 2의 사랑의 언어 :

◆ 제일 숫자가 높은 것이 자신의 사랑의 제 1언어, 두 번째로 높은 것이 제 2언어입니다. 배우자와 함께 서로 체크해 보고 이야기 나눠 보세요.

◆ 게리 채프만의 《사랑의 5가지 언어》 참조

2. 스턴버그의 사랑의 삼각형 이론

(1) 사랑의 삼각형의 세 가지 요소

① 친밀함(intimacy) : 가까운 느낌, 연결되는 느낌, 좋은 관계와 가까움. 사랑하는 관계의 따뜻함을 느낄 수 있다.

② 열정(passion) : 로맨스, 외모의 매력, 성적인 관계 추구, 사랑하는 관계 속에서 사물이 보인다. 두 사람의 관계 속에서 열정의 경험을 하게 한다.

③ 헌신, 결정(decision, commitment) : 단기간으로는 누군가를 사랑한다고 표시하는 것, 장기간으론 서로 사랑을 지키겠다는 약속을 하는 것이다. 사랑의 인지적이고 실제적인 측면을 포함하고 있다.

(2) 사랑의 종류

① 사랑 없음 : 세 요소 다 없고 대부분 일상적인 관계로만 이루어져 있다. 회사에서 무덤덤하게 지내는 동료의 경우가 여기 해당된다.

② 좋아함 : 가까움과 유대감, 따뜻함을 느끼지만 강렬한 열정이나 약속은 없는 상태로 학교의 동급생에게 느끼는 정도의 심정이다.

③ 반함 : 첫눈에 반한다고 표현될 수도 있다. 친밀감이나 약속 없이 격렬한 열정에 사로잡힌다. 로미오와 줄리엣의 사랑이다.

④ 공허한 사랑 : 친밀감과 사랑 없이 어떤 형태의 약속으로 이루어진 관계로 정략결혼이나 조건만 따진 결혼이 여기에 속한다.

⑤ 낭만적인 사랑 : 친밀감과 열정이 함께 일어나는 우정과 매력의 결합이라고 볼 수 있지만, 반드시 결혼으로 이어지는 것은 아니다.

⑥ 친구 같은 사랑 : 친밀감과 약속이 사랑을 구성하고 있어 인생의 동반자적 사랑이라 불린다. 열정을 불러일으키는 다른 사람이 나타날 때 위기에 봉착할 수 있다.

⑦ 실체가 없는 사랑 : 열정과 약속은 있지만 친밀감은 없는 사랑. 배우들이 공연장에서 만난 상대역과 쉽게 사랑에 빠져 결혼하는 경우처럼 폭풍 같은 구애에 이어지는 할리우드식 사랑이다.

⑧ 완전한 사랑 : 세 가지 요소가 모두 충분히 들어 있는 사랑으로 단기간 이런 목표에 도달하는 경우가 드물지 않지만, 유지하는 일이 쉽지는 않다.

사랑의 종류	친밀감	열정	헌신 / 결정
사랑없음(Nonlove)	–	–	–
좋아함(Liking)	+	–	–
반함(Infatuated love)	–	+	–
공허한 사랑(Empty love)	–	–	+
낭만적인 사랑(Romantic love)	+	+	–
친구 같은 사랑(Companionate love)	+	–	+
실체가 없는 사랑(Fatuous love)	–	+	+
완전한 사랑(Comsummate love)	+	+	+

◆ 스턴버그의 〈사랑의 삼각형 이론〉에서 여러분의 사랑은 어디에 속하는지, 어떤 삼각형 모습이 되는지 한번 읽어보고 체크해 보시기 바랍니다.

3. 사랑의 욕구

결혼생활을 잘 유지하는데 필요한 핵심은 뭘까요? 그것은 사랑의 감정을 유지하는 것입니다. 대부분의 부부갈등은 두 가지 중 하나 때문에 발생하지요. 첫째 서로를 행복하게 만드는데 실패하거나, 둘째 서로를 불행하게 만든다는 것입니다. 첫 번째 경우를 배려의 실패, 두 번째 경우를 보호의 실패라고 부릅니다. 대부분의 경우 서로의 욕구에 대한 무지함이 이런 실패의 원인이 되지요. 여성과 남성은 상대방의 욕구가 지니는 중요성을 이해하고 받아들이는데 어려움을 겪기 때문입니다.

남성은 여성이 자신과 같은 욕구를 가지고 있다고 여기고, 이를 충족시켜 주려고 하지요. 여성도 마찬가지입니다. 그러나 문제는 남성과 여성의 욕구는 너무 다르기 때문에 서로 원하지도 않은 것들을 충족시키느라 정력을 낭비한다는 것이지요. 성공적인 결혼생활은 기술을 요구합니다. 부부는 서로 어떤 욕구를 가지고 있을까요? 먼저 열 가지 욕구에 대해 알아보겠습니다.

1. 애정표현

애정표현이란 사랑을 표현하는 것입니다. 애정표현은 안정감, 보호, 위로, 그리고 인정받음 등과 관련이 있기 때문에 부부관계만이 아니라 모든 인간관계를 형성하는 데 가장 중요한 요소이지요. 남편이나 아내는 배우자에게 애정을 표현함으로써 다음과 같은 의미를 전달하게 됩니다.

(1) 당신은 내게 중요한 사람이니까 내가 돌봐 주고 보호해 줄 거야.
(2) 당신이 고민하고 있는 문제를 함께 걱정해 주고, 나를 필요로 할 때면 언제든지 당신 곁에 있을 거야.

포옹은 이런 의사를 몸으로 표현해주는 것입니다. 우리가 친구나 친지들을 안을 때 그들에 대한 관심을 몸으로 나타낼 수 있게 되지요. 포옹 외에도 애정을 표현해주는 다양한 방법들이 있지요. 인사카드를 보내거나, '당신을 사랑해!'라고 쓴 쪽지를 전달하거나, 꽃다발을 보내거나, 손을 잡아 주거나, 저녁식사 후에 함께 산책을 하거나, 전화를 하거나, 진지한 대화를 나누거나, 사랑의 표현이 담긴 대화를 나누는 것은 애정을 전달하는 행위들이지요.

많은 경우에 있어서 애정표현이란 관계형성의 근본적인 접착제와 같아요. 이것이 없다면 많은 사람들은 고립감에 젖게 될 것입니다. 사람들은 애정표현을 주고받으면서 서로 감정적으로 묶여지게 되지요. 만약 배우자가 애정표현을 해줄 때 매우 기분이 좋았고, 배우자가 충분하게 애정을 표현해주지 않아서 슬펐던 경험이 있다면 여러분은 애정표현에 대한 욕구를 가지고 있는 것이지요.

2. 성적인 만족

우리는 종종 섹스와 애정표현을 혼동합니다. 애정표현은 섹스가 전제되지 않은 사랑의 행위이므로 친구, 친지, 아이들, 어떤 경우에는 동물들로부터도 받을 수가 있어요. 그러나 포옹이나 뽀뽀와 같은 애정표현이 성적인 충동에 의한 것이고 실제로 섹스를 위한 사전 작업이었다면, 이것은 엄밀한 의미에서 애정표현이 아니에요.

대부분의 사람들은 자신이 섹스에 대한 욕구를 가지고 있는지 없는지 알고 있지만, 이것이 확실치 않은 사람들도 있어요. 일반적으로 성적인 욕구는 현재의 관계들보다 앞서서 존재하지요. 다시 말해 현재 당신이 관계를 맺고 있는 것과는 상관없이 독립적으로 존재하지요. 만약 당신이 배우자를 사랑하기 때문에 배우자와 섹스를 하고 싶다는 강한 충동을 느낀다면, 이것을 성적인 욕구로 여길 수는 없어요. 왜냐하면 사랑하는 사람과 관계를 가지고 싶다는 것은 종종 단순히 그 사람과 감정적으로나 신체적으로 가까워지고 싶다는 것을 반영해 주기 때문이지요.

성적인 환상은 일반적으로 만족되지 못한 성적인 욕구를 드러내 주는 것이지요. 일반적으로 환상은 감정적인 욕구들을 위한 좋은 지침들이 됩니다. 즉 여러분이 가장 많이 경험하는 환상은 일반적으로 당신의 가장 중요한 욕구들을 반영해 주는 거예요. 만약 여러분이 성적인 욕구가 환상 속에서 충족되었을 때 매우 행복했다면, 여러분은 성적인 욕구를 가지고 있는 것이지요. 환상이 많으면 많을수록 더 많은 욕구를 가지고 있다고 할 수 있어요.

환상 속에서 여러분의 성적인 욕구가 충족되는 방식은 본인의 성적인 선입견과 취향 등을 이해하는 좋은 지침들이 될 수 있어요. 여러분이 결혼할 때 우리는 서로의 삶에 대해 헌신할 것을 서약했어요. 이것은 죽음이 두 사람을 갈라놓을 때까지 오로지 배우자만의 성적인 파트너가 되겠다고 약속을 한 것이지요. 우리가 이렇게 서약할 수 있었던 것은 부부 당사자가 서로의 성적인 욕구를 만족시켜 줄 능력이 있고, 또 그렇게 되도록 노력할 것이라 믿었기 때문입니다. 성적인 욕구는 매우 배타적인 욕구이기 때문에, 만약 여러분에게 성적인 욕구가 있다면 이것을 충족시키기 위해 배우자만을 의지해야 합니다.

3. 대화

대화의 욕구는 성적인 욕구와는 달리 배우자를 통해서만 만족시켜야 하는 배타적인 욕구가 아닙니다. 대화에 대한 욕구는 다른 사람에 의해서 만족되어도 윤리적으로 허용되고 있지요. 그러나 만약 이것이 여러분의 가장 중요한 감정적인 욕구 중 하나라면, 대화 상대방에게 많은 사랑을 입금하기 때문에 그 사람과 사랑에 빠질 수가 있게 됩니다. 그래서 만약 여러분이 대화에 대한 욕구를 가지고 있다면, 당신의 배우자가 이 욕구를 가장 많이 충족시켜 주는 사람이 되어야 하겠지요?

남성과 여성은 연애시절에 서로에 대한 이야기를 나누는 것에 어려움이 없지요. 이 시기는 서로에 대한 정보를 얻어야 하는 시기이기 때문입니다. 이 시기에는 서로가 좋아하는 것과 싫어하는 것이 무엇인지, 개인적인 경력, 현재의 관심, 미래의 계획 등에 대하여 알고 싶어 하지요.

결혼 후에 아내들은 자신과 오랜 시간 전화로 대화를 나누던 남편이 이제는 자신과 이야기하는 것에 흥미를 잃었다는 것을 알게 되지요. 이제 그는 텔레비전이나 신문을 보면서 여가시간을 보내게 되지요. 그런데 대부분의 아내들은 연애시절에 대화의 욕구가 충족되었다면, 결혼 후에도 그렇게 되리라고 기대하게 됩니다.

만약 여러분이 실제적으로 필요할 때만 대화를 나누거나, 목적을 이루는 수단으로만 대화를 나눈다면, 여러분은 대화에 대한 욕구가 없는 것이지요. 그러나 만약 누군가와 이야기를 나누는 것을 즐기고, 또는 친구나 연인에게 전화를 걸어 대화를 나누는 것을 즐긴다면, 본인의 가장 중요한 감정적인 욕구 중 하나가 대화라는 점을 고려하기 바랍니다.

4. 여가의 동반자

여가활동의 동반자에 대한 욕구는 두 가지 욕구가 결합된 것입니다. 이는 여가활동을 하고 싶다는 것과 동반자를 가지고 싶다는 것이 결합된 것이지요. 연애시절, 여러분과 배우자는 서로가 가장 좋아하는 여가활동을 함께 즐겼을 것입니다. 그러나 여성의 경우에는 사실 남성들이 좋아하는 낚시, 축구경기 관람들을 즐기지 않습니다. 여성들은 다만 연애시절에 자신이 좋아하는 사람과 가능한 한 많은 시간을 함께 보내고 싶어서 남성들이 가는 곳에 함께 갔던 것뿐이지요.

남성도 마찬가지입니다. 쇼핑을 하는 것은 남성들에게는 익숙한 것이 아니지요. 여성은 저녁에 외식을 하거나, 영화를 보거나, 음악회나 연극 보기를 좋아합니다. 여성들은 자신이 좋아하는 사람과 함께 이런 활동을 하면서 여가를 즐기길 원하지요. 결혼은 남녀관계를 심각하게 변화시켜 부부의 여가활동에 갈등을 불러일으키게 됩니다. 그렇다면 남편과 아내가 절충하여 함께 즐길 수 있는 여가활동들은 없는 것일까?

만약 여가활동이 여러분에게 중요하다면, 그리고 누군가와 함께 이런 여가활동을 즐기는 기쁨을 나누고 싶다면 자신의 욕구 목록에 여가활동의 동반자라는 욕구를 포함시켜야겠지요? 이 문제에 대해 잠깐 동안 사랑은행이라는 용어를 떠올려 봅시다.

배우자와 이런 활동을 즐기면 얼마나 많은 사랑을 서로의 계좌에 입금하게 될 것인가? 그리고 이런 사랑은 배우자가 아닌 다른 사람에게 입금한다는 것은 얼마나 사랑을 낭비하는 것인가? 그리고 만약 다른 사람이 반대의 성이라면 이것은 매우 위험스럽기도 합니다. 우리는 우리가 가장 사랑하는 배우자의 계좌에 사랑을 입금해야 하지요. 이것이 바로 배우자가 서로의 가장 좋아하는 여기활동의 동반자가 되어야 하는 이유입니다.

5. 솔직함과 개방성

우리들의 대부분은 배우자와 솔직한 관계를 갖고 싶어 합니다. 그리고 몇몇 사람들은 솔직함과 개방성이 안정감을 주기 때문에 이를 강한 욕구로 가지고 있지요. 안정감을 느끼기 위해 우리는 배우자의 생각, 감정, 버릇, 좋아하는 것, 싫어하는 것, 개인적인 경험, 하루 일과, 미래에 대한 계획을 알아야 하지요. 만약 배우자가 솔직하거나 개방된 대화를 나누지 않는다면 신뢰감이 줄어들게 되고, 안정감은 심각하게 파괴되게 됩니다. 우리는 배우자가 보이는 어떤 행위도 신뢰할 수 없게 되지요.

이제 부부는 서로에게 적응하기보다 조화가 깨진 느낌을 가지게 되고, 함께 성장하는 것이 아니라 한쪽만이 성장하는 감정을 느끼게 됩니다. 배우자가 자신의 개인적인 생각을 솔직하게 드러낸다면, 대부분의 사람들은 매우 행복하고 충만한 기분을 느낄 수 있지요. 하지만 배우자가 숨기는 것이 있을 때는 정말 혼란스러운 감정을 느끼게 됩니다.

만약 여러분이 이런 부류의 사람이라면, 결혼생활을 통해서 반드시 충족시켜야만 하는 감정적인 욕구 중에 솔직함과 개방성을 원하는 욕구를 가지고 있는 것이지요.

6. 매력적인 배우자

대부분의 사람들에게 있어 신체적인 매력은 사랑을 입금시키는 가장 커다란 원천이 됩니다. 만약 여러분이 이러한 욕구를 가지고 있다면 매력적인 사람은 여러분의 주의를 끌 뿐만 아니라 정신까지 홀릴 것입니다. 사실 이것이 당신의 배우자를 선택하는 첫 번째 조건이 되기도 하지요. 몇몇 사람들은 이것이 처음 관계를 시작할 때 일시적으로 중요한 욕구라고 여기는 사람들도 있습니다.

부부가 서로를 더 잘 알게 된 후에는 이런 욕구는 사라지고 친밀해지려는 욕구가 더 강해진다고 주장하지요. 그러나 이것은 많은 사람들을 통해서 볼 때 사실이 아니었어요. 많은 경우에 매력적인 배우자에 대한 욕구는 결혼 전반을 통해서 존재하며, 매력적인 배우자를 단순히 보는 것만으로도 사랑을 입금했습니다.

신체적인 매력 중에서 가장 중요한 측면은 일반적으로 체중이지요. 그리고 의상의 선택, 머리모양, 화장, 체취 등이 함께 어우러져 매력적인 사람을 만들어냅니다. 그런데 이때 느끼는 매력은 매우 주관적이며, 사람들은 저마다 자신만이 판단하는 매력적인 이미지를 가지고 있어요. 만약 배우자의 매력적인 외모가 나를 기분 좋게 만든다면, 그리고 이러한 매력적인 외모를 잃어가는 것이 절망스럽게 만든다면, 당신의 욕구 목록에 이것을 포함시켜야 하지요.

7. 경제적인 부양

사람들은 그들의 배우자가 제공해줄 경제적인 안정을 위해 결혼을 하기도 합니다. 다시 말하면 그들이 결혼하는 이유 중에 돈이 개입되는 것이지요. 경제적인 부양이 여러분의 중요한 욕구 중 하나인가요? 경제적인 부양을 하기 위해 어느 정도의 수입이 필요한지 측정하는 것은 매우 어려운 사실이지요. 특히 여러분의 배우자가 수입이 많은 직장에 다닐 경우에는 더욱더 그러하지요.

그런데 만약에 결혼 전에 배우자가 결혼해서 수입이 없어질 것 같다고 말했다면 어떠할까요? 또는 배우자가 직업을 찾지 못해 본인이 배우자를 계속 경제적으로 부양해야 한다면 어떠할까요? 만약 배우자가 생활에 필요한 돈을 벌어올 것을 기대한다면, 본인에게는 경제적인 부양에 대한 욕구가 있는 것이지요. 그리고 만약 스스로 생활을 위해서 돈을 벌려고 하지 않는다면, 본인은 틀림없이 경제적인 부양에 대한 욕구가 있는 것이지요.

경제적인 부양은 어떻게 가능할까요? 여러분이 원하는 모든 것을 살 수 있기에 충분할 만큼 수입이 있어야 할까요? 또는 살아가기에 충분할 만큼만 벌어야 할까요? 이에 대한 대답은 사람마다 다를 것입니다. 그런데 감정적인 욕구들 중에서 경제적인 부양에 대한 욕구를 말로 표현하기가 곤란할 경우가 많지요.

결과적으로 많은 사람들은 이 욕구에 대하여 숨겨진 기대감, 억측, 분노를 가질 수가 있어요. 여러분은 배우자로부터 경제적으로 부양 받기를 원한다는 사실을 인정해야 합니다. 그리고 이것으로 인해서 불만족스럽지는 않은지? 본인의 분석은 내가 이런 욕구를 가지고 있는지 결정하는데 도움을 줄 것입니다.

8. 가정에서의 안식

가정에서의 안식에 대한 욕구는 시한폭탄과 같습니다. 많은 부부들에게 있어서 이 욕구에 대한 불만은 결혼 후 몇 년이 지나고 폭발하는데, 이에 대해 남편이나 아내는 매우 당황해 하게 되지요. 가정에서의 안식이란 배우자가 음식을 만들고, 설거지를 하고, 옷을 다리고, 아이들을 돌보는 것 등을 포함한 여러 가사 일을 잘해주어서 자신은 집에서 안식을 취하게 되는 것입니다.

만약 배우자가 이런 일을 잘해주면 충만한 상태가 되고, 그렇지 않을 때 짜증이 난다면, 여러분은 이 욕구를 가지고 있는 것이지요. 모든 남성이 이런 욕구를 가지고 있고, 아내가 당연히 이를 충족시켜주어야 한다고 생각하던 시대도 있었습니다. 그러나 시대가 바뀌고 시대와 함께 욕구도 변화되었지요.

최근에 내가 상담한 남성들의 대다수는 애정표현이나 대화와 같이 전통적으로 여성들의 욕구로 간주되는 것을 욕구로 가지고 있었어요. 그리고 많은 여성들, 특히 직장 여성들은 남편이 쾌적한 주거환경을 만들어서 자신을 기분 좋게 해주기를 원하고 있었습니다. 요즘의 결혼은 부부 쌍방이 기꺼이 가사노동을 하겠다는 서약으로 시작됩니다. 그리고 최근에는 설거지를 함께하고, 함께 침대를 정리하고, 서로 공평하게 가사노동을 분담하는 것이 보편화되고 있지요.

결혼을 할 당시 부부 쌍방은 가정에서의 안식이 중요한 감정적인 욕구라는 사실을 알지 못합니다. 그러면 언제 가사노동이라는 시한폭탄이 폭발할까요? 아이들이 태어나면서부터입니다. 아이들은 많은 것을 필요로 하는데, 특히 수입과 가사노동에 대한 요구가 크게 늘어나지요. 이런 경우에 가사노동의 분담은 절대적으로 필요하고, 부부는 이제 새로운 책임을 함께 져야 합니다.

결혼할 당시, 당신은 가정에서의 안식이라는 욕구를 전혀 갖고 있지 않을 수도 있어요. 그러나 출산과 더불어 이런 입장도 변하게 됩니다. 사실, 첫 번째 아기가 태어나면서 여러분의 우선순위가 극적으로 바뀌게 되는 것을 발견하게 될 것입니다.

9. 가족에 대한 헌신

출산은 더 많은 수입이나 더 많은 가사노동에 대한 욕구를 증가시킬 뿐만 아니라, 많은 사람들에게 가족에 대한 헌신을 요구하게 됩니다. 만약 여러분이 자녀가 없다면 이런 욕구를 아직 감지하지 못할 수도 있어요. 그러나 첫 번째 자녀가 태어나면서 변화는 예상하지 못한 곳에서 나타나게 되지요. 가족에 대한 헌신은 단순히 아이를 돌보는 것, 즉 음식을 먹이고, 옷을 입히고, 그들이 안전한지를 지켜보는 것을 의미하지 않습니다.

아이들을 돌보는 것은 가정에서의 안식이라는 욕구에 속하지요. 다시 말하면 가족들에 대한 헌신은 배우자가 아이들에게 협동심과 남을 배려하는 마음을 심어주는 일을 도와주는 것이지요. 여러분이 자녀들과 보내는 시간의 양만큼 자녀들은 훌륭한 성인으로 성장하겠지요? 당신의 배우자가 아이들의 교육적이고 도덕적인 발달에 관여해야 한다고 생각한다면, 여러분은 배우자가 가족에 헌신하기를 원하겠지요.

이런 욕구를 가진 사람은 배우자가 아이들을 잘 돌보고 있을 때 만족스럽고, 그들이 무관심했을 때 매우 절망하게 되지요. 우리 모두가 자녀에 대하여 원하는 것은 그들의 성공입니다. 만약 여러분이 배우자가 가족에 헌신하기를 바란다면, 배우자는 자신의 계좌에 놀랄 만한 사랑을 입금하기 위해서 가족 활동에 참여해야만 하겠지요? 그리고 배우자가 아이들을 외면한다면 자신의 계좌에서 사랑을 인출하게 될 것입니다.

10. 칭찬

만약 여러분에게 이런 욕구가 있다면, 당신의 배우자가 당신을 격찬해 주었기 때문에 사랑에 빠졌을 것입니다. 몇몇 사람들은 자신을 인정해 주는 사람을 사랑한다고 말하지요. 만약 여러분이 칭찬에 대한 욕구가 있다면, 여러분의 배우자는 여러분을 비난하지 않도록 조심해야 하겠지요. 왜냐하면 비난은 여러분에게 깊은 상처를 주기 때문이에요.

우리들의 대부분은 배우자로부터 존중받고 인정을 받고 싶어하지요. 그리고 우리는 자주 자신의 이런 욕구가 충족되고 있는지 확인받고 싶어 합니다. 이런 감정을 갖는 것은 전혀 잘못된 것이 아니에요. 하나님조차도 우리가 하나님을 높이기를 원하지요? 칭찬에 대한 욕구는 가장 충족시켜 주기 쉬운 욕구 중 하나입니다.

단순히 격찬해주고 높여줌으로써 여러분은 배우자를 아주 기분 좋게 할 수 있어요. 반대로 비난하기도 쉽지요. 논쟁조의 단어는 사람들을 매우 화나게 만들고, 그들의 하루를 망치며 급속도로 사랑을 인출시키게 되지요. 당신의 배우자는 몇 마디 말로 인해 자신의 사랑은행에 있는 여러분의 계좌에서 인출을 하거나 입금을 할 수 있어요. 만약 여러분이 칭찬을 받고 기분이 좋아진다면, 여러분은 이를 중요한 감정적인 욕구에 첨가시켜야 하겠지요?

이상 10가지 욕구 중 나의 우선순위를 생각해 볼까요? 나는 어떤 욕구가 우선순위인 사람인가요? 또 나의 배우자는 어떤 욕구를 더 우선순위로 가지고 있는 사람인가요? 서로의 욕구에 대한 우선순위를 이해하게 될 때 우리는 사랑의 감정을 되살리고 유지하는 방법을 배울 수 있을 것입니다.

(1) 사랑의 욕구 진단

감정적인 욕구 진단에 대한 조사표(Hlis Need Her Needs:윌라드 할리 박사)

이름 ____________________

날짜 ____________________

이 질문지는 여러분의 가장 중요한 욕구가 무엇인지를 알아보고, 이런 욕구들이 여러분의 배우자에 의해서 어느 정도 충족되는지를 평가해보려는 목적으로 고안되었습니다.

따라서 다음 질문들에 대하여 가능한 한 솔직하게 답하시기를 바랍니다. 그리고 충족되지 않고 있다고 느껴지는 욕구들을 축소시키려 하지 마세요. 만일 답을 쓰기 위한 공간이 부족하다면, 다른 용지를 사용해도 무방합니다.

여러분의 배우자도 다른 용지를 사용하여 질문지를 작성하도록 하고, 여러분은 배우자의 대답을 통해서 배우자의 욕구들을 충족시켜 주고 있는지를 평가해보도록 하세요.

여러분이 이 질문지를 완성한 후에 대답이 정확한지를 살펴보기 위해서 다시 한 번 자세하게 본인의 감정들을 검토해 보기 바랍니다. 만일 대답을 바꾸고 싶다면, 본래의 대답을 삭제하지 말고 그 위에 진하지 않게 선을 그어서 답을 바꾸었음을 표시하세요. 그러고 나서 왜 대답을 바꾸었는지에 대하여 배우자와 토론을 해보세요.

질문지의 마지막 페이지에서는 여러분에게 가장 중요한 욕구들의 순위 다섯 개를 고르도록 되어 있습니다. 가장 중요한 감정적인 욕구들이 충족되었을 때에 여러분은 기쁨을 느끼고, 충족되지 않았을 때에는 절망감을 느끼게 됩니다. 여러분은 충족되지 않은 욕구들을 가장 중요한 욕구들에 포함시키려는 유혹을 뿌리쳐야 합니다. 그리고 여러분의 가장 중요한 욕구들은 스스로에 의해서 선택된 것이어야만 합니다.

1. 애정표현

언어, 카드, 선물, 포옹, 키스 그리고 정중함을 통해 애정을 표현하는 것. 사랑한다는 것을 분명하게 표현할 수 있도록 분위기를 만드는 것.

A. 애정표현에 대한 욕구 진단

- 당신은 어느 정도 애정표현에 대한 욕구가 있는지 적당한 숫자에 동그라미 하시오.

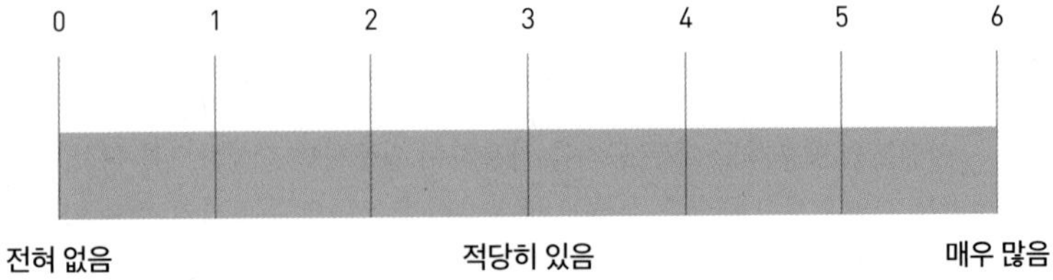

- 배우자가 당신에게 애정을 표현해 주지 않았을 때, 당신은 어떠합니까?

ⓐ 매우 불행하다. ⓒ 행복하지도 불행하지도 않다.

ⓑ 조금 불행하다. ⓓ 애정표현을 해주지 않아도 행복하다.

- 배우자가 당신에게 애정을 표현해 주었을 때, 당신은 어떠합니까?

ⓐ 매우 행복하다. ⓒ 행복하지도 불행하지도 않다.

ⓑ 조금 행복하다. ⓓ 애정표현을 해줘서 불행하다.

B. 배우자의 애정표현에 대한 평가

- 애정표현에 대한 당신의 욕구가 배우자에 의해 어느 정도 충족되는지를 적당한 숫자에 동그라미 하시오.

-3	-2	-1	0	1	2	3

전혀 만족스럽지 않음 불만족스럽지도 만족스럽지도 않음 매우 만족스러움

- 나의 배우자는 애정표현에 대한 나의 욕구를 만족시켜줍니까?
  (예 / 아니오)

- '아니오'인 경우, 당신은 배우자로부터 얼마나 자주 애정표현을 받고 싶은지 표시하시오.

  ___________ 번 (숫자로 표시), 매일 / 매주 / 매달 (동그라미로 표시)

- 배우자가 애정표현을 하는 방식을 좋아합니까? (예 / 아니오)

- '아니오'인 경우에, 좀 더 만족스러운 결혼생활을 위해서 배우자가 어떻게 애정표현을 해주기 바라는지 설명하시오.

  ____

2. 성적인 충족

부부가 서로가 항상 즐겁게 성관계를 가질 수 있는 것.

A. 성적인 충족에 대한 욕구 진단

- 당신은 어느 정도의 성적인 충족의 욕구를 가지고 있는지 적당한 숫자에 동그라미 하시오.

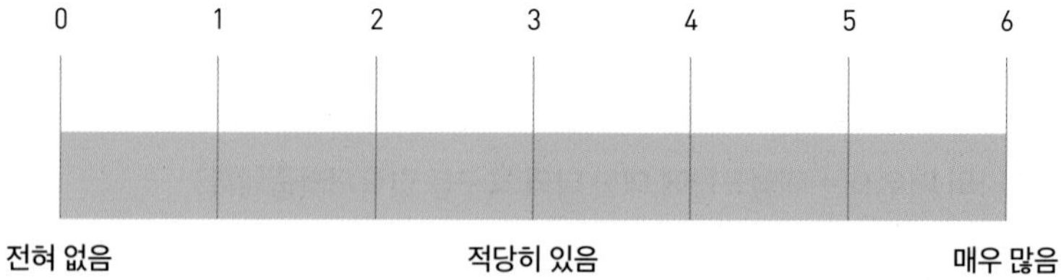

- 배우자가 당신과 적극적으로 성관계를 가지려 하지 않았을 때, 당신은 어떠합니까?

ⓐ 매우 불행하다. ⓒ 행복하지도 불행하지도 않다.

ⓑ 조금 불행하다. ⓓ 성관계를 즐기지 못하는 배우자로 인해서 행복하다.

- 배우자가 당신에게 애정을 표현해 주었을 때, 당신은 어떠합니까?

ⓐ 매우 행복하다. ⓒ 행복하지도 불행하지도 않다.

ⓑ 조금 행복하다. ⓓ 성관계에 적극적인 배우자로 인해 불행하다.

B. 성적인 욕구에 대한 만족도 평가

- 배우자에 의해서 당신의 성적인 욕구가 어느 정도까지 충족되는지 적당한 숫자에 동그라미 하시오.

-3	-2	-1	0	1	2	3

전혀 만족스럽지 않음　　불만족스럽지도 만족스럽지도 않음　　매우 만족스러움

- 배우자는 내가 원하는 만큼 나의 성적인 욕구를 만족시켜줍니까?

(예 / 아니오)

- '아니오'인 경우, 당신은 배우자로부터 얼마나 자주 성관계를 가지고 싶습니까?

__________ 번 (숫자로 표시),　매일 / 매주 / 매달 (동그라미로 표시)

- 배우자와 성관계를 하는 지금의 방식을 좋아합니까?

(예 / 아니오)

- '아니오'인 경우에, 좀 더 만족스러운 결혼생활을 위해서 배우자가 어떻게 당신과 성관계를 갖는 것이 좋다고 생각하는지 설명하시오.

____

3. 대화의 욕구

매일의 일과, 감정, 계획들에 대해 이야기를 나누고, 비판하는 말이나 과거의 잘못을 들추어 내는 대화를 피하는 것. 당신이 가장 좋아하는 대화의 주제에 흥미를 보이고, 서로 정보를 교환하는 것. 서로를 이해하는 데 대화를 사용하고, 배우자의 말에 주의를 집중하는 것.

A. 대화의 욕구 진단

- **당신은 어느 정도 대화의 욕구가 있는지 표시하시오.**

0	1	2	3	4	5	6
전혀 없음			적당히 있음			매우 많음

- **배우자가 당신과 적극적으로 대화를 하지 않을 때, 당신은 어떠합니까?**

ⓐ 매우 불행하다.
ⓑ 조금 불행하다.
ⓒ 행복하지도 불행하지도 않다.
ⓓ 대화를 하지 않아서 행복하다.

- **배우자가 당신과 적극적으로 대화를 나눌 때, 당신은 어떠합니까?**

ⓐ 매우 행복하다.
ⓑ 조금 행복하다.
ⓒ 행복하지도 불행하지도 않다.
ⓓ 대화를 하게 되어서 불행하다.

B. 대화의 욕구에 대한 만족도 평가

- 당신의 대화의 욕구가 배우자에 의해서 어느 정도 충족되는지 동그라미 하시오.

-3	-2	-1	0	1	2	3
전혀 만족스럽지 않음			불만족스럽지도 만족스럽지도 않음			매우 만족스러움

- 배우자는 내가 원하는 만큼 충분히 나와 대화를 합니까? (예 / 아니오)

- '아니오'인 경우, 당신은 배우자와 어느 정도의 대화를 가지기 원합니까?

  ______ 번 (숫자로 표시), 매일 / 매주 / 매달 (동그라미로 표시)

  ______ 시간 (숫자로 표시), 매일 / 매주 / 매달 (동그라미로 표시)

- 배우자와 대화를 나누는 지금의 방식을 좋아합니까? (예 / 아니오)

- '아니오'인 경우에, 좀 더 만족스러운 결혼생활을 위해서 배우자가 당신과 어떻게 대화를 나누는 게 좋다고 생각하는지 설명하시오.

______

4. 여가활동의 동반자에 대한 욕구

당신의 가장 선호하는 여가활동을 개발시키고, 그것이 가지는 이점을 알고서 즐기는 것. 만약 당신의 배우자가 노력을 했는데도 불구하고, 이를 좋아하지 않는다면 함께 즐길 수 있는 다른 활동을 찾아보도록 한다.

A. 여가활동의 동반자에 대한 욕구 진단

- 당신은 여가활동의 동반자에 대한 욕구를 어느 정도 가지고 있는지 적당한 숫자에 동그라미 하시오.

0 1 2 3 4 5 6

전혀 없음 적당히 있음 매우 많음

- 배우자가 당신과 적극적으로 여가활동을 하지 않을 때, 당신은 어떠합니까?

ⓐ 매우 불행하다. ⓒ 행복하지도 불행하지도 않다.
ⓑ 조금 불행하다. ⓓ 함께 여가활동을 하지 않아 행복하다.

- 배우자가 당신과 함께 여가활동을 하는 것에 적극적일 때, 당신은 어떠합니까?

ⓐ 매우 행복하다. ⓒ 행복하지도 불행하지도 않다.
ⓑ 조금 행복하다. ⓓ 함께 여가활동을 하게 되어 불행하다.

B. 여가활동의 동반자에 대한 욕구의 만족도 조사

- 당신의 여가활동 욕구가 배우자에 의해 어느 정도 충족되는지 동그라미를 하시오.

-3	-2	-1	0	1	2	3
전혀 만족스럽지 않음			불만족스럽지도 만족스럽지도 않음			매우 만족스러움

- 배우자는 당신이 원하는 만큼 당신과 함께 여가활동을 합니까?

(예 / 아니오)

- '아니오'인 경우, 당신은 배우자와 어느 정도 여가활동을 합니까?

______ 번 (숫자로 표시), 매일 / 매주 / 매달 (동그라미로 표시)

______ 시간 (숫자로 표시), 매일 / 매주 / 매달 (동그라미로 표시)

- 당신은 배우자와 여가활동 하는 지금의 방식을 좋아합니까?

(예 / 아니오)

- '아니오'인 경우에, 좀 더 만족스러운 결혼생활을 위해서 배우자가 당신과 어떻게 하면 여가활동을 즐길 수 있는지 설명하시오.

______

5. 솔직함과 개방성의 욕구

긍정적이거나 부정적인 감정을 드러내고, 과거에 있었던 일, 오늘 있었던 일, 일정과 미래의 계획에 대하여 배우자에게 알려주는 것. 거짓이라는 인상을 남기지 않도록 하고, 질문에 진실하게 대답하는 것.

A. 솔직함과 개방성의 욕구 진단

- 당신은 솔직함과 개방성의 욕구를 어느 정도 가지고 있는지 적당한 숫자에 동그라미 하시오.

0 1 2 3 4 5 6

전혀 없음 적당히 있음 매우 많음

- 배우자가 당신에게 솔직하지 않고 숨기는 것이 있다면 당신은 어떠합니까?

ⓐ 매우 불행하다. ⓒ 행복하지도 불행하지도 않다.

ⓑ 조금 불행하다. ⓓ 숨기는 것이 있어서 행복하다.

- 배우자가 당신에게 솔직하고 숨기는 것이 없다면 당신은 어떠합니까?

ⓐ 매우 행복하다. ⓒ 행복하지도 불행하지도 않다.

ⓑ 조금 행복하다. ⓓ 모든 것을 말하는 것 때문에 불행하다.

B. 솔직함과 개방성의 욕구에 대한 만족도 평가

- 당신의 솔직함과 개방성의 욕구가 배우자에 의해서 어느 정도 충족되는지 표시하시오.

-3	-2	-1	0	1	2	3
전혀 만족스럽지 않음			불만족스럽지도 만족스럽지도 않음			매우 만족스러움

- 예문 중에서 배우자가 특히 솔직해지고 개방적이어야 하는 것이 어떤 것인지 표시하시오.

  ⓐ 생활하는 데 중요한 것에 대해 긍정적이거나 부정적인 감정의 표현

  ⓑ 배우자의 이제까지의 성장 배경에 대한 정보

  ⓒ 배우자가 매일 무엇을 하는가에 대한 정보

  ⓓ 배우자의 미래의 계획에 대한 정보

- 위의 예문에 표시한 것이 있다면, 그런 부분이 어떻게 변화하면 더 만족스러운 결혼생활을 유지할 것이라고 생각되는지 설명하시오.

6. 배우자의 매력적인 외모에 대한 욕구

꾸준한 다이어트와 운동을 하고 자신을 매력적으로 보여주는 머리 모양, 의상, 그리고 화장(여성인 경우)을 하는 것.

A. 배우자의 매력적인 외모에 대한 욕구 진단

- 당신은 배우자의 매력적인 외모에 대한 욕구를 어느 정도 가지고 있는지 표시하시오.

0 1 2 3 4 5 6

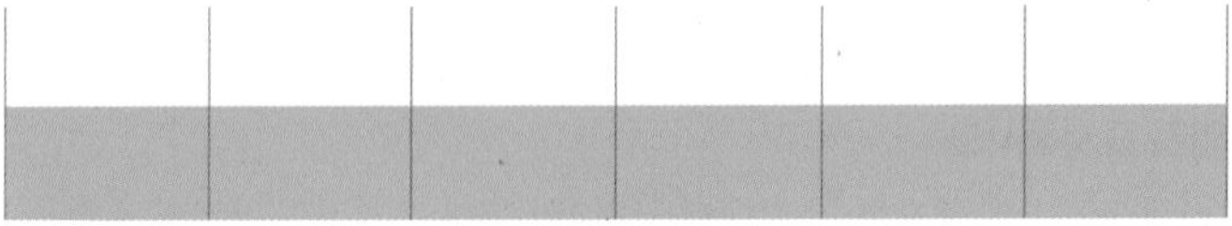

전혀 없음 적당히 있음 매우 많음

- 배우자가 신체적으로 매력을 지니려고 노력하지 않을 때 당신은 어떠합니까?

ⓐ 매우 불행하다.
ⓑ 조금 불행하다.
ⓒ 행복하지도 불행하지도 않다.
ⓓ 노력을 하지 않아서 행복하다.

- 배우자가 신체적인 매력을 유지하기 위해서 노력할 때, 당신의 감정은 어떠합니까?

ⓐ 매우 행복하다.
ⓑ 조금 행복하다.
ⓒ 행복하지도 불행하지도 않다.
ⓓ 노력해 주어서 불행하다.

B. 배우자의 매력적인 외모에 대한 만족도 평가

• 배우자의 외모에 당신은 어느 정도 만족하는지 표시하시오.

-3	-2	-1	0	1	2	3
전혀 만족스럽지 않음			불만족스럽지도 만족스럽지도 않음			매우 만족스러움

• 다음 중에서 당신 배우자가 특히 신경을 써서 매력적으로 보여야 하는 것은 어떤 것인지 표시하시오.

ⓐ 체중 ⓑ 냄새 ⓒ 의상 선택 ⓓ 화장 ⓔ 머리 모양 ⓕ 기타

• 위의 예문에 표시한 것이 있다면, 그런 부분이 어떻게 변화되면 더 만족스러운 결혼생활을 유지할 것이라고 생각되는지 설명하시오.

7. 경제적 부양에 대한 욕구

당신이 정해놓은 생활수준 안에서 가족들을 위한 의식주를 해결하는 데 필요한 자금을 공급하는 것. 여행 등은 포함시키지 말아야 하며, 높은 생활수준을 정해 놓고 이를 위해 일하는 시간을 많이 갖는 것을 피해야 한다.

A. 경제적 부양에 대한 욕구 진단

- 당신은 어느 정도 경제적인 부양에 대한 욕구가 있는지 적당한 숫자에 동그라미 하시오.

0　　1　　2　　3　　4　　5　　6

전혀 없음　　　　적당히 있음　　　　매우 많음

- 배우자가 경제적으로 당신을 부양하지 않을 때 당신은 어떠합니까?

ⓐ매우 불행하다.　　　ⓒ 행복하지도 불행하지도 않다.

ⓑ조금 불행하다.　　　ⓓ 경제적으로 부양하지 않아 행복하다.

- 배우자가 경제적으로 충분하게 당신을 부양할 때 당신은 어떠합니까?

ⓐ 매우 행복하다.　　　ⓒ 행복하지도 불행하지도 않다.

ⓑ조금 행복하다.　　　ⓓ 경제적으로 부양해주어서 불행하다.

B. 경제적 부양에 대한 욕구 진단

• 경제적 부양에 대한 욕구가 배우자에 의해서 어느 정도 충족되는지 표시하시오.

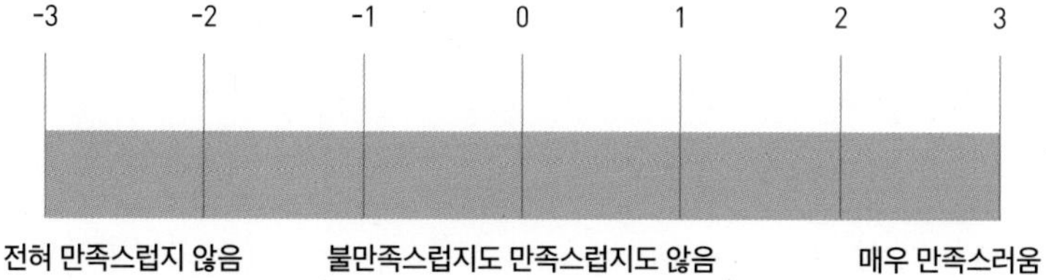

• 가족을 부양하려면 어느 정도의 수입이 필요하다고 생각합니까?

• 이를 위해 배우자가 일주일에 어느 정도 일해야 한다고 생각합니까?

• 만약 배우자가 당신이 원하는 만큼의 수입을 가져오지 않고, 당신이 원하는 만큼 일하지 않아서 당신이 원하는 만큼의 생활수준을 유지하지 못한다면, 당신의 경제적인 부양에 대한 욕구가 어떻게 해야 더 만족될 수 있는지 설명하시오.

8. 가정에서의 안식에 대한 욕구

스트레스를 피할 수 있는 안식처로서 가정의 분위기를 조성하는 것. 가정에서 발생되는 육아뿐만 아니라 음식을 만들고, 설거지를 하고 집안 청소를 하는 것 등의 가사노동을 잘 분담하는 것.

A. 가정에서의 안식에 대한 욕구 진단

- 당신은 가정에서의 안식에 대한 욕구를 어느 정도 가지고 있는지 적당한 숫자에 동그라미 하시오

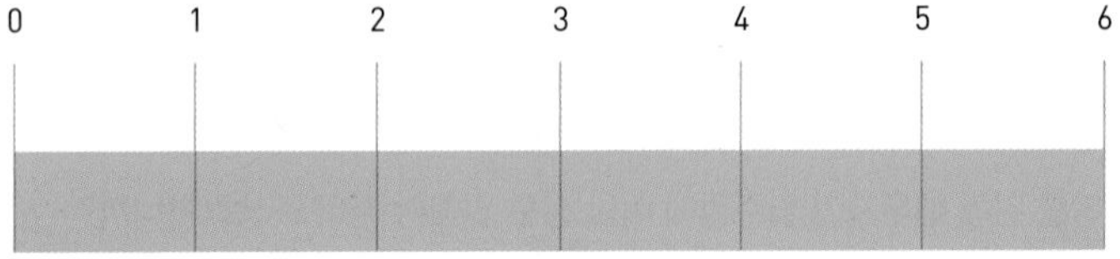

전혀 없음 적당히 있음 매우 많음

- 배우자가 가정을 안식처로 제공하는 것에 적극적이지 않을 때, 당신의 감정은 어떠합니까?
  ⓐ 매우 불행하다. ⓒ 행복하지도 불행하지도 않다.
  ⓑ 조금 불행하다. ⓓ 가정을 안식처로 만들지 않아서 행복하다.
- 배우자가 가정을 안식처로 제공하는 데 적극적이면 당신의 감정은 어떠합니까?
  ⓐ 매우 행복하다. ⓒ 행복하지도 불행하지도 않다.
  ⓑ 조금 행복하다. ⓓ 가정이 안식처로 제공되는 것에 대해 불만족이다.

B. 가정에서의 안식 욕구에 대한 만족도 평가

- 가정에서의 안식에 대한 욕구가 배우자에 의해서 어느 정도 충족되는지 표시하시오.

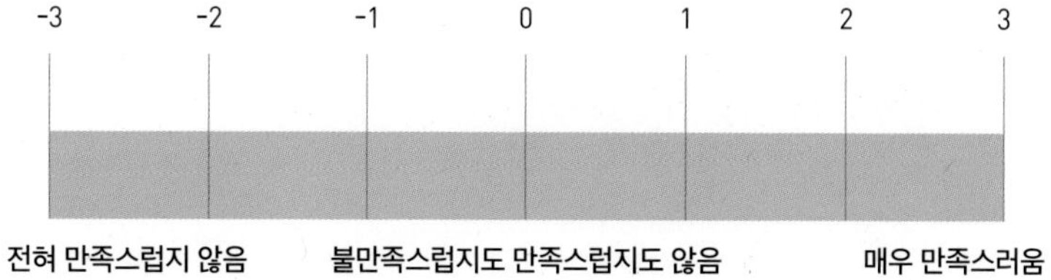

- 배우자는 내가 원하는 만큼 가정을 안식처로 제공합니까?
  (예 / 아니오)

- 당신은 가정을 안식처로 제공하는 배우자의 방식이 마음에 듭니까?
  (예 / 아니오)

- 둘 중에 하나의 대답이 '아니오'라고 나오는 경우에, 당신의 가정에서의 안식 욕구를 더 만족시키기 위해서 어떻게 했으면 좋을지 설명하시오.

9. 가족에 대한 헌신 욕구

자녀들의 교육적, 도덕적 발달을 위해 충분한 시간과 정력을 투자할 수 있도록 일정을 관리하는 것. 아이들에게 책을 읽어 주고, 함께 외부활동에 참여하고, 교육방법을 선택하는 것. 당신이 선택한 교육방법을 배우자와 항상 의논하고 효과적이지 못한 방법을 버리는 것.

A. 가족에 대한 헌신 욕구 진단

- **당신은 어느 정도 가정에 대한 헌신 욕구를 가지고 있는지 적당한 숫자에 동그라미 하시오.**

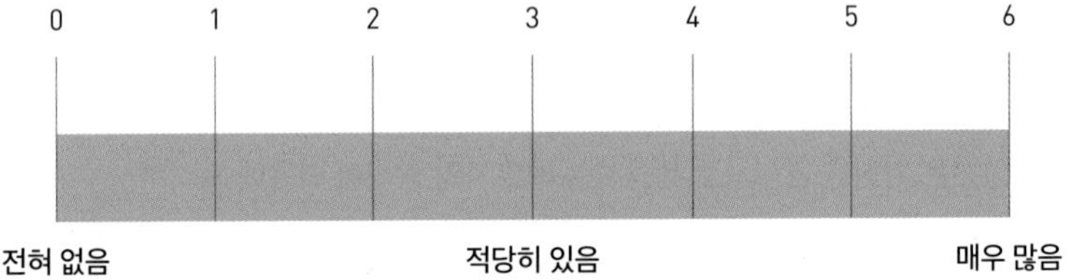

- **배우자가 가정에 헌신하는 것에 관심이 없을 때 당신은 어떠합니까?**

ⓐ 매우 불행하다.
ⓑ 조금 불행하다.
ⓒ 행복하지도 불행하지도 않다.
ⓓ 가정에 헌신해 주지 않아 행복하다.

- **배우자가 가정에 헌신하는 자세를 보여준다면 당신은 어떠합니까?**

ⓐ 매우 행복하다.
ⓑ 조금 행복하다.
ⓒ 행복하지도 불행하지도 않다.
ⓓ 가정에 헌신하는 것이 불만족이다.

B. 가정에 대한 헌신 욕구에 대한 만족도 평가

- 가정에 대한 헌신 욕구가 배우자에 의해 어느 정도 충족되는지 표시하시오.

-3	-2	-1	0	1	2	3
전혀 만족스럽지 않음			불만족스럽지도 만족스럽지도 않음			매우 만족스러움

- 배우자는 당신이 원하는 만큼 가정에 헌신하고 있습니까?

(예 / 아니오)

- '아니오'인 경우, 얼마나 자주 배우자가 가족활동에 참여하기를 원합니까?

_________ 번 (숫자로 표시), 매일 / 매주 / 매달 (동그라미로 표시)

_________ 시간 (숫자로 표시), 매일 / 매주 / 매달 (동그라미로 표시)

- 나는 가정에 헌신하는 배우자의 방식이 마음에 듭니까?

(예 / 아니오)

- '아니오'인 경우에, 당신의 가정에 대한 헌신 욕구를 더 만족시키기 위해서 어떻게 하면 좋을지 설명하시오.

____

____

10. 칭찬에 대한 욕구

당신을 존경해 주고, 가치 있게 여겨 주는 것. 당신에게 자주 확실한 칭찬을 해주기를 바라는 것.

A. 칭찬에 대한 욕구 진단

- 당신은 어느 정도 칭찬에 대한 헌신 욕구를 가지고 있는지 적당한 숫자에 동그라미 하시오.

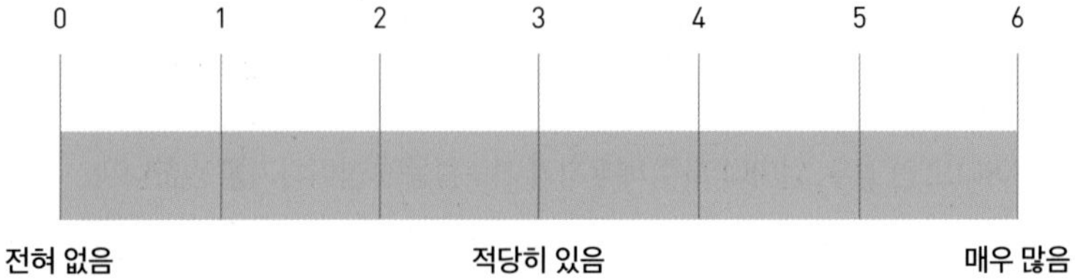

- 배우자가 당신을 칭찬하는 데 인색하다면 당신은 어떠합니까?

ⓐ 매우 불행하다.
ⓑ 조금 불행하다.
ⓒ 행복하지도 불행하지도 않다.
ⓓ 칭찬해 주지 않아서 행복하다.

- 배우자가 당신을 진실로 칭찬해 준다면 당신은 어떠합니까?

ⓐ 매우 행복하다.
ⓑ 조금 행복하다.
ⓒ 행복하지도 불행하지도 않다.
ⓓ 칭찬해주는 것이 부담스럽다.

B. 칭찬에 대한 욕구 만족도 평가

- 칭찬에 대한 욕구가 배우자에 의해서 어느 정도 충족되는지 표시하시오.

-3 -2 -1 0 1 2 3

전혀 만족스럽지 않음 불만족스럽지도 만족스럽지도 않음 매우 만족스러움

- 배우자는 당신이 원하는 만큼 칭찬해 줍니까? (예 / 아니오)

- '아니오'인 경우, 배우자로부터 얼마나 칭찬을 받길 원합니까?

  ________ 번 (숫자로 표시), 매일 / 매주 / 매달 (동그라미로 표시)

- 나를 칭찬해주는 배우자의 현재의 방식이 마음에 듭니까?

  (예 / 아니오)

- '아니오'인 경우에, 당신의 칭찬에 대한 욕구를 더 만족시키기 위해서 어떻게 하면 좋을지 설명하시오.

(2) 당신의 감정적인 욕구들의 순위 정하기

이제부터는 기본이 되는 열 가지의 감정적인 욕구들을 제시하겠습니다. 그리고 행복한 결혼생활을 위해서 당신에게 근본적이라고 생각되는 다른 감정적인 욕구들을 삽입할 수 있도록 여백도 마련했습니다.

각각의 욕구 옆에 제시된 빈 칸에 당신의 행복을 위해서 가장 중요하다고 생각되는 욕구 다섯 가지를 골라서 순위를 정하세요. 가장 중요한 것에는 1, 그다음으로 중요한 것에는 2라는 순위를 적는 방식으로 다섯 가지의 중요한 욕구들의 순위를 정해주세요.

순위를 정하기 어려울 경우에는 다음과 같이 해보도록 하세요. 다른 네 가지의 욕구가 만족되지 않더라도 하나의 욕구가 만족되었을 때 가장 행복할 수 있는 것은 어느 것인지를 생각해 보세요. 이것이 순위 1일 것이고, 이런 방법을 계속 반복하면 다섯 가지의 순위가 자연적으로 정해질 것입니다. 5개의 가장 중요한 욕구들에는 충족되었을 경우에 당신을 가장 행복하게 만들어 줄 수 있는 욕구들이 포함될 것입니다.

- ____________ 애정표현
- ____________ 성적인 충만감
- ____________ 대화
- ____________ 여가활동의 동반자
- ____________ 솔직함과 개방성
- ____________ 매력적인 외모
- ____________ 경제적인 부양
- ____________ 가정에서의 안식
- ____________ 가족들에 대한 헌신
- ____________ 칭찬
- ____________ ________________________________
- ____________ ________________________________
- ____________ ________________________________
- ____________ ________________________________
- ____________ ________________________________
- ____________ ________________________________
- ____________ ________________________________
- ____________ ________________________________
- ____________ ________________________________
- ____________ ________________________________

가정상담소장의 현장토크
눈으로 듣는 남편 귀로 보는 아내

초판1쇄 발행일 2021년 9월 7일
초판2쇄 발행일 2021년 12월 20일

지은이 유정순

발행인 이경현
발행처 천원사
신고번호 제302-1961-000002호
주소 서울시 용산구 청파로 63길 3(청파동1가)
대표전화 02-701-0110
팩스 02-701-1991

정가 16,000원

ISBN 978-89-7132-819-4 03040

• 청파랑은 (주)천원사의 임프린트입니다.
• 잘못된 책은 구입하신 서점에서 바꾸어 드립니다.